寫給所有人的零基礎統計學入門

不流淚的統計學

Statistics without Tears

An Introduction for
Non-Mathematicians

Derek Rowntree

德瑞克・朗奇

甘錫安——譯

目 次

前言

這本書跟其他統計學書籍有什麼不同？

又來一本統計學入門書籍，誰要看啊？我為什麼有自信能在這麼多作者之外另闢蹊徑，帶領讀者認識這門學問？我的信心來自幾十年來許多學生（和其他老師）不約而同地盛讚，這本書對他們而言具有獨特的價值。

至於這本書究竟有多不一樣，我只能說我原本想到的書名有這些：《不用算數的統計學》（*Statistics without Calculations*）、《數盲統計學》（*Statistics for the Innumerate*）、《圖解統計學》（*Statistics in Words and Pictures*）、《統計學基礎概念》（*The Underlying Ideas of Statistics*），還有《如何鍛鍊統計學思維》（*How to Think Statistically*）。

這幾個書名都傳達了我的某些想法和打算採用的方法。前兩個書名說明許多非數學科系學生之所以修習（不一定是自己

的選擇）統計學，是為了滿足範圍較廣的學程要求。這類非數學相關科系的學生往往看到密密麻麻的公式、方程式和計算就嚇壞了。

許多統計學教科書一開始就說「讀者只需要具備加減乘除以及把數字代入公式的計算能力就可以了」，後來又給讀者一大堆計算過程，使他們無法掌握這些計算要傳達的概念。

第三個書名說明我打算採取不做計算、完全運用文字和圖解的方式來介紹統計學的重要概念。最後兩個書名則說明我認為入門書應該強調的重點不是計算，而是**概念**。這本書不教讀者如何處理數字，得出可信的答案（隨便一臺計算機就能算出來了）。我的目標是幫助讀者了解統計學的重要概念，以統計學的方式運用這些概念，思考真實生活中可能碰到的各種相關問題。

如果你是統計學的「消費者」（例如要解讀其他人的研究報告），這本書可能就是你需要的。如果你是統計學的「生產者」，那麼市面上已有很多書說明如何進行各種必要的計算和使用協助計算的各種軟體；但如果先從整體來觀察統計學，應該會覺得學習這些計算過程變得更有意義。許多讀者都說，如果在開始讀統計學教科書之前，有人推薦他們看這本書就好了，本書的副書名要表達的也是這個意思。

但各位都看到了，最後這本書的書名是《不流淚的統計學》。可想而知，我希望能讓大家在學習統計學時不會感到痛

苦（或辛苦和傷腦筋），不會跟毫無準備就開始讀統計學的
學生一樣。但是也請注意，這本書不是叫做《不花腦筋學統
計》，所以還是要花工夫好好理解才行。

本書的建議用法

你很快就會發現（或者已經發現）這本書的文字和別的書
有點不一樣，一般的書往往直接寫出一大堆文字，讓讀者自己
想辦法理解，但我有時會暫停一下，對讀者提出問題。這種提
問法的用意是讓這本書看起來不像在上課，而比較像我所謂的
「紙上教學」。

當然，我提出的問題不會要讀者計算（最多只會請你判斷
正在探討的某樣是事物大於或小於另一樣事物），而是請你針
對正在探討的概念舉例、分辨某個概念的例子適當與否、說明
某個概念和其他概念的關係、把概念運用到實際問題上、預測
可能結果、解讀結果等等。簡而言之，我提出問題是希望你不
要一直只看文字，也要**思考**主題。

所以每隔一段時間，只要讀到一個段落，需要動一動腦
時，你就會看到一個灰底的區塊，在這個區塊裡面，可以看到
我提出的問題（以黑體字呈現）。以下是一個範例（這裡是複
選題），以便你了解狀況：

依照先前所說，你認為我提出問題的主要目的是什麼？

A. 讓讀者讀慢一點。

B. 協助讀者學習。

C. 測驗讀者學到了什麼。

在接下去討論之前，都可以看到我對答案的解釋（通常是緊接這個區塊的一段）。所以就上面的問題而言，B是我希望你選擇的答案。不過，我提出的問題可以讓你邊閱讀邊思考，所以也能讓你讀慢一點。在某些狀況下，這些問題也可以幫助你檢視自己學到了什麼。然而，提出問題的主要目的還是確認你能運用剛剛討論過的概念，真的學到東西。

所以這個灰底的區塊的功能是傳遞以下訊息給讀者：

請在這裡暫停一下。

回答完問題之前請不要看下去！

這些問題通常需要想個幾秒鐘，但請務必試著回答，再翻看相關討論。如果跳過這些問題，閱讀速度確實會快很多，但學到的不多。在試著回答之前，最好避免有意或無意地翻看討論內容。

你或許可以在手邊擺本筆記本，隨時記下心得或答案，或

是遮住灰底區塊下面的文字，防止在思考出答案前看到我的解答。

在開始閱讀之前，我還有幾件事想提一下：

1. 本書的主題都經過細心安排，第二章的概念建立在第一章之上，第三章又建立在第二章上，如果不了解第三章的概念，就沒辦法讀懂第四章，依此類推。請務必事先翻閱一下，大致了解我們要探討的內容，不過也不要讓自己卡在還沒有準備好的部分，所以請依照我安排的順序讀這本書，而且不要跳過任何章節。

2. 如果你以前沒有體驗過這種按部就班的說明方式，有時可能需要回頭複習前面的內容，才能開始看新章節。此外，每一章提到重要的新概念時，都會以**粗明體字**寫出這些概念的名稱。

3. 即使在同一章當中，有時可能也需要反覆看某一節或某一段好幾次。如果你經常這麼做，也不要擔心自己程度不夠，這本書裡很多概念往往必須看好幾次（再加上思考）才可以掌握。此外我還發現，有時候**朗讀**出來也有幫助。

4. 用一些方法記下重要的概念、寫下我提出的問題的答案，或是記下你自己的問題，以及偶爾畫些圖可能也有所幫助。

5. 要取得最大的效果，可以跟老師和其他同學，或是對統計學和相關用途（或它們如何被濫用）有興趣的人討論這本書中的統計概念，同時隨時留意可以實際運用這些概念的場合。

第 1 章

統計查詢

　　首先我想請讀者們放心，各位其實對統計學的思考方式**不算**完全陌生。你應該會發現許多日常生活中的假設和決策**其實**都會用到統計學，舉個簡單的例子：假設在我寫這段文字時，有兩名朋友正好坐在隔壁的房間，其中一位身高約 150 公分，另一位身高約 180 公分。

　　請問單就這項資訊而言，你覺得這兩位朋友最有可能是什麼性別？

　　我想各位大多會認為身高 150 公分的是女性，180 公分的是男性。當然，這個答案有可能不對，但經驗告訴我們，身高 150 公分的男性和 180 公分的女性比較少見。此外我們也知

道，一般說來，男性的身高通常比女性高。

當然我們都沒見過全世界所有的男性或女性，我們也知道有不少女性比男性高，但我們還是會覺得，以我們所知的男性和女性特質來類推所有的男性和女性特質應該是合乎常理的。也就是說，沒有其他資訊時，我們會覺得比較高的成人是男性，比較矮的成人是女性。

這個日常生活中的簡單範例和統計學思考有關，我還可以舉出很多類似的例子。當我們說「平均說來，我每星期騎單車大約160公里」或「每年這個時候通常雨水很多」，或是「愈早開始準備考試，就愈可能考好」的時候，就是提出統計敘述，只是沒有進行計算而已。

在這些例子中，第一個例子以粗略的方式**總結**過往經驗，在第二個和第三個例子中，說話者依據個人過往經驗來**類推**，猜測天氣如何隨日期改變，或是按照以往學生的表現，**預測**某一年或某個學生的狀況。

理解經驗

我們人類依靠理解經驗來累積智慧和進一步掌控生活環境，對人類這個物種幾萬年來的發展而言是如此，對我們每個人的一生而言也是如此。幸運的是，我們擁有這種察覺各種事物的能力，透過觀察周遭環境中的人、事、物，發掘它們相似

和相異的地方、它們的型態和規律，尤其是某些特徵對我們特別有利或有害的時候。

許多觀察必須經由計算和測量來得到結果，我們計算和測量時往往很粗略，而且相當直覺，所以很少注意到這種「量化」的習慣。儘管如此，我們觀察和比較而得的結果經常和「多少」、「多大」、「多常」、「多遠」、「多難」、「多快」、「多好」等等有關。

我們的觀察有時與單一的人事物相關，舉例來說，我們或許會注意到今年某塊田地收成的馬鈴薯的大小。我們或許會觀察相同事物的好幾個面向，例如除了這塊田地的馬鈴薯大小之外，還有先前用了多少肥料、土壤的性質、田地受到的日照和雨水有多少等等。

更有趣的是，我們可能會觀察好幾塊田地、人、事件等事物。這些事物有許多共通點，但在某些方面又互不相同。舉例來說，我們或許會發現同一年在不同的田地上，或是同一塊田地連續數年收成的馬鈴薯大小不同。因此，我們或許會單次或多次觀察某個個體，或是同時觀察多個個體。不久之後，我們手上就有**一組**觀察值（專門術語是**資料**〔data〕）。好像是直覺一般，我們會開始尋找這些觀察值之間是否有關聯和型態，以及相似和相異之處，並提出關於資料的問題。

舉例來說，我們採集了好幾塊田地（或是同一塊田地好幾年）收成的馬鈴薯大小資料後，尋找這些資料的關聯時，可能會提出什麼問題？

　　我們可能會問：今年所有田地的馬鈴薯大小是否相似？或是這塊田地的馬鈴薯每年收成的大小是否相似？如果不是，那會是什麼原因？這些田地或這些年還有哪些地方不同，或許可以用來解釋這些差異？（是土壤、天氣、耕種方法或這些因素綜合起來？）

　　這些問題都指向一個更重要的問題：這組資料的關聯可以帶來什麼**心得**，幫助我們未來做得更好（例如種植馬鈴薯）？

　　這就是統計學最主要的功能。統計學是理解一組觀察結果的方法，它的目標是協助我們避免太快提出結論。它提醒我們留意，自己的經驗有限，能**類推**的範圍也**有限**。

　　類推的習慣在日常生活中相當重要。因為某塊田地大量使用了某種肥料，而馬鈴薯收成較多，我們就很容易因此類推，認為**其他**田地如果這麼做，馬鈴薯收成也會增多。

你認為依據某一塊田地的經驗來類推正確嗎？為什麼可以或為什麼不可以？

　　事實上你一定知道，這樣類推是不正確的，因為很可能產生錯誤的結論。馬鈴薯收成增加的原因或許不是肥料，而（可能）是當地的天氣（也就是說，我們可能會太快提出錯誤的結論）。即使是同一塊田地，以同樣的方式施用肥料，其他年度的產量也可能大不相同。而不同的田地則可能有其他差異影響產量，例如土壤種類、前一年種植的作物、鄰近田地的植物病蟲害等等（所以我們的類推可能錯誤）。

　　因此，對某一塊田地的某一年而言正確的說法，對同一塊田地的其他年度就可能不正確，更不用說其他田地了。如果我們想更有把握地類推，就必須具備更多經驗，也就是更多的觀察值（更多資料）。我們觀察過愈多的田地或年度，就愈有把握推斷在哪裡和採取什麼方法種植馬鈴薯時，收成可能最好。

　　不過請注意前一句的「可能」兩個字。「可能性」或「提高機會」（也就是**機率**〔probability〕）對統計學的世界觀而言非常重要，這個詞彙指出世界上沒有任何事能100%確定，尤其是個別的人事物。舉例來說，某類田地如果採取某種方式，馬鈴薯收成**通常**會比較多，但還是有很多例外。

你認為在以下兩個狀況中，哪個狀況可能更正確？

A. 我預測某類田地以某方式耕種時，**大部分**田地的產量
會提高。

B. 我預測某類田地以某方式耕種時，**所有**田地的產量都
會提高。

　　A可能更正確。雖然這類田地通常（甚至多達九成）符合
預測，但我還是無法確定每一塊田地都會符合預測。

　　接下來我們將會知道，統計學可以協助我們在一群事物中
找出「一般說來」和「長期而言」等可信的規律和關聯。不過
在此同時，統計學也提醒我們注意，不要認為這些規律一定適
用於所有個體。

　　統計學的兩大重點是：

1. 彙總我們的發現，讓我們和其他人能清楚得知事實。
2. 比較這個結果和其他狀況的已知結果，或是其他地方甚
　 至未來的預測結果。

　　這本書中介紹的統計概念有助我們更精確地彙總、比較和
預測資料。

統計學是什麼？

在進一步說明之前，最好先記下這一點——「統計」（statistics）這個名詞至少涵蓋四個概念。

1. 「統計學」是一個領域或**學科**，以及這個學科所研究或實作的主題。
2. 更具體地說，「統計」是採集、處理或解讀量化資料的各種**方法**。
3. 「統計資料」是以上述方法所**採集的資料**。
4. 「統計量」是運用方法彙總一組資料的**計算結果**（例如平均值）。

依序說明這四個概念：一家公司的**統計**部門研究人員可以運用**統計學**（統計方法）來採集和解讀新款洗劑銷售收入的**統計資料**，同時計算不同城市的「每千人平均銷售額」和「每月銷售收入變化」等**統計量**，藉此協助行銷部門的同事。

我在這部教材裡強調的重點是第二個：統計是查詢的方法。這些方法讓我們以統計學的方式思考各種與度量或數量觀察有關的狀況，而且效益十分強大。

統計思考的歷史相當久遠。很久很久以前，國王和政府一直在採集國家裡的人口和各種資源的統計資料。為征服者

威廉（William the Conqueror）編寫的《末日審判書》（*The Domesday Book*）算是年代比較近的例子。連《舊約聖經》也提到，古埃及的法老等統治者都很想知道自己有多少人民可以用來建造金字塔或打仗，以及收稅時能從他們身上壓榨出多少財富。

今天，各國政府是規模最大的統計資料生產者。這些資料涵蓋社會和經濟生活的各個層面，包括犯罪、生活費用、出生率、教育、失業率、工業生產、進出口，以及無數其他方面。大多數工業化國家政府會製作許多這類資料，大部分都可以在網路上查到。

賭客也為統計思考提供了許多不可或缺的貢獻。賭客在博奕遊戲中想「窺知贏錢的機會」，機率理論（theory of probability）因而誕生。機率理論直到十七世紀才開始發展，原因（據說）是法國數學家帕斯卡（Blaise Pascal）為了回答愛玩骰子的朋友所提出的刁鑽問題。

賭桌是驗證預測理論的好地方，但機率理論很快就在天文學、遺傳學、商業，甚至戰爭等方面展露出強大的解釋和預測能力。

現在具專業性質的工作極少不需要統計思考，大多數學術研究也多少會用到統計學。統計學在科學界，尤其是遺傳學、醫學和心理學等「生物科學」中的用途極多且眾所周知，但物理科學（例如氣象學、工程學和物理學）也需要統計方法，即

使在人文學科，放射性碳定年技術（radio-carbon dating）徹底改變了古代紡織品或陶器碎片的年代鑑定工作，而放射性碳定年技術其實也是統計方法。此外，文學研究也採用統計方法來協助判定某個作品是否出自某位作家筆下，或是完成於這位作家寫作生涯的哪個階段。

統計學已經從某種日常生活思考方式發展成系統化研究的重要工具。

但現在我們應該認真探討，統計思考能在眾多方面發揮作用的原因。統計學源自我們面對不確定性時的謹慎態度，而統計思考體認了我們對世界的觀察不可能完全正確，而且一定會有一點不確定。舉例來說，我們量度出一名小孩的身高為120公分，但他不一定就是高120公分，可能在少0.5公分和多0.5公分之間，但不會剛好120公分。如果我們以現有的觀察來估計其他地方的觀察，不準確的機率將會更高。因此我們或許會想藉助這名小孩所在的班級平均身高是120公分的知識，來推測另一個班級的平均身高。

這類狀況可能沒有確定性，但我們可以運用統計學估計誤差程度。因此，我們可以提出近乎確定的敘述，指出那個小孩的身高在120加減0.5公分的範圍內，或是算出另一班的平均身高位於120加減2公分範圍的機率是99%。

敘述統計和推論統計

　　你會發現統計學教科書通常把統計學分成用於彙總或描述觀察的**敘述統計**（descriptive statistics），以及將觀察當成基礎，用來執行估計或預測的**推論統計**（inferential statistics），例如**推論**尚未調查過的狀況。

請再看一次先前提過的三項「日常」敘述。依據上述的定義，以下有哪些是「敘述」，又有哪些是「推論」？

i. 平均說來，我每星期騎單車大約160公里。

ii. 每年這時候通常雨水很多。

iii. 愈早開始準備考試，就愈可能考好。

　　敘述（i）是敘述（試圖總結經驗），（ii）和（iii）則是超出觀察，推論未來可能發生的事。

　　敘述統計和推論統計之間的區別取決於另一項因素，就是**樣本**和**母體**之間的區別。

　　在統計學術語中，**母體**（population）不一定代表一群人。*母體經常指人類，但也可能指小白鼠、各種電燈泡、大城市裡的破舊住宅、隕石、某所地區學校未來的考試結果等等。

　　重點是「母體」指的是「統計者」打算推論或估計的**所有**案例或狀況，因此，不同的統計者可能要推論（所有）小白鼠的學習能力、預測（所有）某種電燈泡可以點亮多久、估計整修（所有）破舊住宅的費用、預測（所有）隕石的成分、找出未來幾年內最適合（所有）當地兒童的教學方式等等。

　　這裡需要說明一下，研究人員不是對母體內成員的所有方面都有興趣，只對這些成員共有的某些（甚至只有一項）屬性或特質有興趣。因此心理學家應該不會在意小白鼠的尾巴長度或一次生下多少小鼠，只想知道小白鼠的學習能力。同樣地，天文物理學家可能也沒興趣預測墜落在地球上的隕石的地理分布或大小，只想知道它們的成分。

　　然而，即使學者只對母體的某項特質有興趣，也不可能研究到所有成員。學者通常最多只能研究**樣本**（sample），也就是母體中的一小群個體。

　　學者通常這麼做，以便節省時間和成本。天文物理學家要是走遍全世界，檢驗墜落在地球上的所有隕石，花費顯然會十分高昂。同樣地，產業研究員如果用「測試到損壞」的方式來估計某種電燈泡的點亮時間，就不可能測試所有母體，否則就沒燈泡可以賣了。

＊　譯註：population也有「人口」的意思。

　　在某些例子中，邏輯上本來就不可能研究母體的所有成員，母體可能無限大，也可能就是沒辦法完全研究到。因此研究小白鼠學習能力的心理學家只能寄望自己的研究結果和由結果提出的推論可以適用於**所有**小白鼠，不只是現在全世界的幾百萬隻，也包括還沒出生的幾千萬隻。他們甚至希望研究結果可加以類推，用來解釋**人類**學習的某些面向。

　　同樣地，天文物理學家可能會依據統計資料類推，擴及已經墜落的隕石，甚至包括未來將墜落在地球上的隕石，他們可能還希望推測在太空中飛行的其他天體的成分。

　　這些學者都會**超越**已知的資訊，由母體的樣本類推，從已知擴展到未知（我們每個人運用「常識」時也是這麼做，但通常不假思索，而且往往有點危險）。

　　這個由樣本類推的概念不僅適用於科學，也適用於藝術。舉例來說，我們不需要讀過奧斯汀（Jane Austen）和康拉德（Joseph Conrad）的所有作品，也能藉由類推知道這兩位小說家的差異和對比。只要讀過兩位作者100頁左右的作品，就能進行比較。

　　無論如何，**敘述**統計與彙總或描述樣本有關；**推論**統計與由樣本向外類推有關，對範圍更大的母體進行估計和推論。

　　假設有名生物學家正在實驗餵食小雞，他或許會在報告中提到（以敘述統計），共60隻小雞的樣本餵食某種物質時，生長速度比餵食標準飼料的類似樣本更快。報告中的數字（體重

增加）是事實，但這位科學家接著超越事實，運用推論統計，提出**所有**類似的小雞（範圍更大的母體）如果給予類似飼料，也會生長得更快。

這樣由部分擴展到全體的類推法**適當**嗎？這就是統計學的重點所在：量化錯誤的機率。後面的章節會探討這麼做的基本概念，不過目前我們可以這麼說：類推的可靠度取決於樣本反映母體的程度——這組樣本是否真的能**代表**母體？

舉例來說，假設我們讀到一位教育研究者發現，一群12歲的西班牙男孩透過「會話」學習英語的速度比使用自學教材的類似樣本快。這位研究者和所有研究者一樣，不只對樣本中特定個體學習語言的速度有興趣，他想依據這個結果類推，建議**其他人**（範圍更大的母體）學習英語的最佳方式。

以下五個母體中，你認為建議哪個母體採用「會話」方式，效果會和樣本**一樣**好？哪個母體**最**不適合這種方式？

 i. 所有12歲西班牙男孩

 ii. 所有12歲西班牙兒童

 iii. 所有12歲兒童

 iv. 所有男孩

 v. 所有學習者

　　這裡隱含的問題是：這組樣本最能／最不能代表哪個母體？所以會話學習法在樣本中展現的優越性，最可能適用於母體（i）所有12歲西班牙男孩。（其他母體和樣本的差異愈來愈大，（v）的差異最大。）

　　不過這裡仍然有很大的懷疑空間：這群12歲男孩樣本的代表性高不高？舉例來說，樣本中男孩的自然能力、學習英語的興趣、過往經驗等等是否和整個母體相同？

　　顯而易見，母體和樣本的差異愈大，類推時出現誤差的機率也愈大。女生學習的方式可能和男生不同，其他國家兒童學習的方式可能和西班牙兒童不同，成人學習者需要的方法也可能和兒童不同，所以樣本的結果最不適用於母體（v）所有學習者。

　　過度類推在日常對話中經常出現，但在「科學」討論中偶爾也會發生。有些學者可能沒注意到樣本成員和想類推的母體間有某些重要差異。

　　舉例來說，第二次世界大戰期間，英國皇家空軍轟炸機上的機槍手執行完任務回航後，被問到敵軍飛機的攻擊最常來自哪個方向時，最常見的答案是「上方和後方」。

假設你即將擔任轟炸機上的機槍手，聽說了這件事，你可能會想：「唔……那我最好特別注意上方和後方的天空。」為什麼**不應該**認為這個結果能普遍反映轟炸機遭到的攻擊？（請思考比樣本機槍手範圍更大的母體）

　　這個問題不容易。不過，錯誤類推的風險源自研究者只能訪問遭到攻擊的生還者。來自下方和後方的攻擊很可能一樣多，但這些攻擊（從敵軍觀點來看）成功了，所以樣本沒有充分呈現出來。可惜的是，被擊落的轟炸機上的機槍手沒有機會回航報告。

採集樣本

　　這個問題稱為抽樣悖論（paradox of sampling）。樣本必須能代表母體，否則將會造成誤導，不過我們必須先了解母體，才能知道樣本在這方面是否有代表性，但是這樣一來就不需要樣本了！

　　這個悖論無法完全解決，一定會留下少許不確定性。儘管如此，統計方法仍然可以協助我們盡可能採集到具代表性的樣本，讓我們保持謹慎，避免**過度**類推。

　　在某些統計查詢中，樣本會「自己選擇」（有些作者喜歡

用「批次」〔batch〕來表達這類樣本）。舉例來說，假設有一群家庭醫師想研究一段時間內前來看診的患者罹患各種疾病的頻率，因為樣本成員會自己選擇，所以這群家庭醫師如果要把結果類推到範圍較大的母體時必須特別小心。

他們當然不能假設樣本中發現的疾病種類可以代表生活在同一地區的所有患者，較安全的做法是推論這些疾病和**當地**其他醫師看到的疾病類似。如果假設差別很大的地區也會碰到相同的疾病，而且比例也相同，出現誤差的機率就大得多。簡而言之，這個研究團隊必須問自己：「我們的樣本的資料很有趣，但可以放心地類推到哪個範圍更大的母體？」

不過在某些情況中，研究者一開始就考慮到母體，因此會**選擇**具代表性的樣本。

為了確保代表性，樣本成員必須從母體中**隨機**（ramdom）選擇。也就是說，母體中每個成員被選為樣本的**機率應該相同**，但這個要求不一定容易達成。

舉例來說，如果我們到街上「隨機」訪問一位路人，詢問對方的政治觀點，可能不會成功，為什麼？因為我們訪問時通常會找看起來願意受訪，而且不像急著要去其他地方的人。這樣的人的政治觀點可能和看起來不友善、脾氣不好，或是匆忙的人相當不同，因此最後的樣本可能會不平均或有**偏差**（bias），這樣就不隨機了。

為了避免偏差，最好採用**機器**或**盲選**方式隨機選擇樣本。

有個日常生活範例是「抽獎」，如果母體很小，可以把寫上每個成員號碼或名字的紙條放進箱子，搖晃均勻之後，隨機抽取（當然不能看箱子）需要的樣本。

另一個較為機械式的方法是給母體中每個項目指定一個號碼，再參考隨機數字表或使用隨機數字產生器（網路上很多）。這類工具可提供任何數量的數字，而且都是隨機的。如果我們指定要1到100之間的10個數字，可能會得到04、34、81、85、94、45、19、38、73、46，母體中有這10個號碼的成員就是樣本。（你可能已經注意到，有些國家的彩券也是用這種方式抽出得獎者。）

> 然而，要在街頭訪問中保持隨機性可能比較困難，畢竟我們不知道誰會經過，也不可能事先指定號碼。你能想到讓選擇變得隨機的方法嗎？

我們或許可以站在街角附近，設定每次訪問結束之後，找經過的第五個人接受訪問（無論對方看起來像不像會受訪的樣子），或者找訪問結束一分鐘後經過的人。總而言之，我們的目標是讓母體（當時在街上的所有人）被選擇的機會相同。

不過，這樣選擇的人往往容易拒絕受訪，把自己排除在外。這樣的樣本**不是**從當時在街上的人選擇的隨機樣本，最多

只能說這組樣本可能代表不介意受訪的人（因此我們最好記住，從自願擔任樣本的人取得的資料可能無法代表某些範圍更大的母體）。

此外也可以想見，我們就算使用隨機方法，取得的樣本仍然可能有偏差。也就是說，樣本**有時**仍然無法代表我們類推時打算涵括的母體。

舉例來說，假設我們想得知某所大學的學生對學校餐點的看法。全校共有1,000名學生（其中有600名男性、400名女性），分為三個年級，*我們打算採集100組樣本，並使用亂數從學生名冊中決定人選。

> 這組樣本是否可能全部都是男性或女性？

這組樣本當然有可能正好全部都是男性或女性，畢竟全校有600名男性和400名女性，但我們只選出100名學生。同樣地，這組樣本也可能全部都是一年級生。

當然了，這類樣本出現的可能性**極低**，但樣本極有可能出現某種程度的不平衡。更確切地說，100名學生的樣本中不大可能**正好**有60名男性和40名女性，或是完全反映三個年級的學生比例。

這點可能有影響，也可能沒有影響。我們或許沒有理由猜

測男性學生和女性學生對餐點看法的差異大於藍眼睛和綠眼睛學生的差異，但是如果不同類別學生的看法**有**全面性的差異，代表樣本有偏差。我們不能把它的整體看法類推到整個母體，只能以樣本中的女性類推到母體中的女性，從男性類推到男性等等。

在這類狀況下，我們應該採用**分層隨機樣本**（stratified random sample）。也就是說，我們事先已經知道母體的組別不同（例如不同性別、不同年齡層、不同收入水準等），在要探討的特質方面也可能不同。所以我們事先設定男性和女性、成人和兒童、富人和窮人的人數，確保樣本的人數比例和母體相同，接著從母體中的每個組別（隨機）**各**選出適當的人數。

在這一章的最後，我們來看一個樣本極度偏差的例子。這組樣本是幾年之前加拿大某所醫院的醫師所採集的，包含數百名患者，這些患者都注射了剛剛問世的白喉疫苗。同時還有另一群**對照組**（control group）接受治療，但不是注射疫苗，而是採用當時比較常用的方法。

試驗進行幾年之後，醫師發現注射疫苗的患者有16%死亡，以一般方法治療的患者只有8%死亡。類推後的結果似乎相當清楚：注射疫苗的患者存活率較低。但相同的白喉疫苗現在已經是普遍的預防措施，為什麼？

---

* 　譯註：英國大學為三年制。

答案在於一段時間之後,兩組樣本(注射疫苗和未注射疫苗)所產生的偏差。你能想到這個偏差是什麼嗎?

因為事實上,注射疫苗的樣本和對照組都無法真正代表注射現在採用的疫苗的患者母體。由於專業理由,醫師只會給病情嚴重的患者施打疫苗,傳統療法則用在症狀較輕的患者身上。因此這兩組樣本各有不同的偏差,都無法真正代表可能受惠的所有患者的母體。

本書後面進一步探討由樣本類推到母體時,將會再度討論樣本中可能有難以預見的偏差。

此外,第二章將要探討我們應該就哪些方面**描述**樣本。

第 2 章

描述樣本

　　我們取得樣本成員之後該怎麼做？從統計學看來，無論我們未來要怎麼處理它們，都要製作一組與我們要探討的共同特質有關的數字。舉例來說，這組數字可能代表樣本中已婚、單身、喪偶或離婚者的比例，此外也可能代表樣本成員的年齡或收入等。

　　如果樣本的成員是人，極度人道主義者可能會指責我們把人物化成數字。事實上，如果我們放任自己忘記這類樣本的成員遠不只是我們取得的數字，不僅不符合統計學的要求，也不符合倫理要求。我們解讀結果時，這點非常重要。

統計變數

　　樣本由個體構成，特定樣本中的個體可能是人、鼠類、

電燈泡、月分、馬鈴薯田，或是其他物品。樣本所有成員都具有我們要探討的共同屬性或特質，例如顏色、性別、重量、價格、耐用程度等等。此外，樣本中每個個別成員的這項特質又和一或多個其他成員不同，有些是某種色彩、有些是另一種色彩；有些是雄性、有些是雌性；有些較輕、有些較重等等。

　　所以，我們觀察樣本中的成員，想知道它們的一或多種特質有什麼**差異**。因為個體間的差異，所以這些特質稱為可變特質（variable characteristic），又稱為**變數**（variable）。

> 所以，統計學中的變數是協助我們區別個體的屬性或特質。舉例來說，假設我們想買一輛二手的高級自行車，你可以列出區別市場上的自行車的變數嗎？

　　以下是我會注意的幾個變數，你列出的變數可能包含以下幾個或全部，也可能有其他變數：

- 自行車品牌（也就是製造商）
- 型號
- 種類（例如公路車、旅行車、越野車等）
- 車況（例如很好、尚可、不佳）
- 車架尺寸

- 檔位數
- 主要組件製造商
- 顏色
- 價格

在每一項特質上，每輛自行車應該會和至少一輛其他自行車不同。這些特質是可變特質（「車輪數」不是變數，因為要出售的自行車通常都是兩個輪子，所以在這裡不會改變）。

那麼我們該如何依據這些變數，評估樣本中的每輛自行車？這取決於變數的種類。

有些變數包含有名稱的**類別**，例如「自行車品牌」包含各大製造廠商的名稱，所以區別不同自行車的方法是記下製造廠商的名稱。在這本書中，將個體分成不同類別的變數稱為**類別變數**（category-variable）。

事實上，由於我們對不同的變數形式給予名稱，所以「自行車品牌」等類別變數通常稱為**名目變數**（nominal variable，拉丁文 *nominalis* 意為「名稱」）。

上面的清單中還有哪些變數是類別變數？

「自行車種類」和「色彩」當然是類別變數。在這兩個例

子中，我們會檢視要分類的自行車，決定它屬於哪些類別。（這些變數也是名目變數。）

　　但你或許會認為「車況」也是類別變數。確實，前面提到了三種狀況，分別是很好、尚可和不佳。不過這種類別變數不太一樣，這些類別名稱代表每輛自行車可以判定為比其他自行車好或差。

　　我們如果能說某個樣本成員比其他成員更好、更大或更快，或在任何方面**更**如何，就能把這些成員依照**順序**排列。因此，很好、尚可、不佳是**有序**類別，這種類別變數通常稱為**順序變數**（ordinal variable）。

　　假設現在我們眼前只有10輛自行車，我們決定不要只判定每輛車很好、尚可或不佳，而是把「可接受程度」當成變數，判定一輛自行車的可接受程度，依照可接受程度**排列**，所以我們決定從第十（最不可接受的自行車）排到第一（最可接受的自行車）。

我們設定10個類別，每個樣本成員1個類別，所以這是哪種類別變數？

A. 名目變數

B. 順序變數

　　「可接受程度」是**順序**變數。我們必須判定每個樣本成員的可接受程度，依照可接受程度排列。這時我們才能從第一到第十標示樣本成員。

　　不過這裡必須注意，把自行車分成三個有序類別和從第一到第十依序排列之間的重要差別。

> 這兩種方法中，哪種方法必須更仔細地檢查自行車？哪種方法必須考慮更多自行車個別差異的相關資訊？

　　必須更仔細檢查自行車和更深入考慮差異細節的方法，是將自行車從第一到第十依序**排列**。舉例來說，分成三個有序類別時，可能會有 5 到 6 輛自行車屬於「可接受」。但依序排列時，我們就必須在這 5 到 6 輛自行車中找出足夠的差異，把它們細分成 5 到 6 個有序類別（中間排名）。

　　繼續談到你必須熟悉的其他主要變數之前，先來看看排名時如何使用**數字**。事實上，數字只是用來當成第一、第二、第三和第四這類的**標記**，我們不能用這些數字來進行計算。

舉例來說，我們是否可以假設第四名自行車的可接受程度是第二名的一半？你會假設第一名和第二名之間的差距跟第三名和第四名之間的差距相同嗎？

希望你沒有真的這麼假設，這樣完全沒有根據，名次的數字只是用來標示順序，而不是每輛自行車比其他自行車好或差**多少**。

不過我準備介紹的**第二種**主要變數，數字的用途就相當不同了。事實上，以這種變數而言，個別樣本成員**只**可以用數字描述。也就是說，我們觀察一個個體，了解它的這項特質與其他成員有什麼不同時，我們看到的是可以計算或測量的**量**。在自行車的例子中，「檔位數」就是這類變數。

我們必須檢查每一輛自行車，了解它們有多少檔位數，是1、10還是20？這些數字不是單純的標記。10檔自行車比1檔自行車多9個檔位，24檔自行車的檔位數是12檔的兩倍，這些數字（量）是可以計算的。

請再看一次前面列出的自行車變數，有哪些屬於這一類──也就是在這類變數之中，樣本成員間的差異以**量**來表示？

　　其他以數量表示自行車差異的變數還有價格和車架尺寸。我們可以觀察一輛自行車有幾個檔位，也可以了解它的價格，還可以測量它的車架尺寸。

　　這類用以呈現數值（數量）的變數稱為**數量變數**（quantity-variable），數量變數和類別變數一樣不只一種。

　　舉例來說，數量變數大多使用數字呈現，0代表完全沒有這項特質。就以收入當作例子，如果某個人的收入是0，代表這個人沒有賺錢，他完全沒有任何收入。同樣地，每星期賺1,000元的人，收入是每星期賺500元的人的兩倍。

　　但有些數量變數沒有這樣的0點，溫度就是個例子，溫度為0度的物體不是完全沒有熱。因此，溫度為20度的物體，只是溫度比5度的物體高15度，不代表含有的熱是四倍。「智商」和「社經地位」等社會科學家發明的許多數量變數也屬於這一類。

　　數量變數還有連續或離散的區別。**離散變數**（discrete variable）的可能值之間有明顯的分隔，典型的例子是家庭人數——一個家庭可能有1個、2個、3個、4個或5個小孩，但不可能有2.5或4.75個。

　　另一方面，**連續變數**（continuous variables）的任兩個值之間一定還有其他的值，身高就是個好例子。一個小孩可能今年的身高是120公分，明年變成127.5公分，但是在這段期間，這個小孩不會剛好長到122公分和125公分，而可能會是

121.9999公分、122.4444公分、125.6666公分等等，而且這個
數字可以一直細分下去。

　　我們如何以這兩種數量變數來評估樣本成員？離散變數需
要**計數**（counting），連續變數則需要**測量**（measurement）。

　　在自行車的例子中，「車架尺寸」是連續變數，車架可能
是21英吋或21.1英吋，也可能是兩者之間的任何數字。

> 自行車例子的其他數量變數中，哪些是離散變數、哪些是
> 連續變數？

　　剩餘的離散變數只有「檔位數」。如果算過自行車上的檔
位的話，就會發現檔位數只能是1、3、4、5、8或10，不可能
有其他的中間值（這個離散變數的可能值間隔不平均，比較不
尋常）。

　　而另一方面，「年齡」則是連續變數。在測定年齡的尺度
上，兩個年齡（例如10個月和11個月）之間可以存在無數個
年齡。

下圖說明各種變數之間的關係：

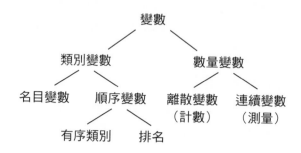

　　之後將會談到，這幾種變數產生的資料在統計學中必須以不同的方式處理。不過你只需要記住，**類別**變數和**數量**變數之間的差別最大。

　　但在繼續介紹之前，必須注意的是數量變數的資料可以轉換成類別資料。舉例來說，身高不到150公分的人可以歸類為「矮」、150至180公分之間是「中等」，超過180公分是「高」。同樣地，考試分數不到總分40%的學生可以歸類為「不及格」、40%或以上則是「及格」。

　　不過，這種方式的缺點是會造成**資訊流失**（loss of information）。如果用類別將資料中的數字分門別類，**實際**測量出來的身高和**確切**分數等資料將會消失。這樣的犧牲有時確實可以接受，好讓資料更容易處理。不過這麼做之前，請務必先權衡優缺點。

此外，這裡還需要釐清兩個用語問題：

首先，有些作者使用「測量結果」（measurement）這個詞搭配**所有**變數，而不限於連續的數量變數。也就是說，這些作者把類別視為非常粗略的測量，而有序類別、排序、離散數量變數和連續數量變數則依序**愈來愈**精細。因此，你或許經常會看到「值」（values）這個詞用來指稱類別變數中各種有名稱的類別（但是我們通常認為這個詞只會和數量變數一起出現）。

第二，你會發現我經常提到**觀察值**（observations）或「觀察到的值」（observed values）。我這麼說的意思是針對每個樣本成員做出的每個測量結果、計數或分類。舉例來說，如果我們以100名學生為樣本，記錄這些學生的年齡，就會有100個觀察值。如果我們同時也記錄每個學生的性別，總共就會有200個觀察值（以剛剛的術語來說就是200個「觀察到的值」）。

即使我們實際上**沒有**看到學生的年齡或性別（例如查詢出生證明），有時還是會使用「觀察值」這個詞。我們可能根本沒看到學生，只看到學生交回的**問卷**。在這種狀況下，其實應該說是「**記錄值**」（recorded values，或資料）。

誤差、準確度和近似值

從樣本採集資料時，哪種資料通常**比較準確**？
A. 我們自己觀察得到的資料
B. 從問卷答案取得的資料
C. 兩種資料一樣準確

（A）我們自己觀察得到的資料可能比問卷資料準確一點。用問卷採集資料時，有許多原因可能導致填寫者提供錯誤資訊。舉例來說，填寫者可能誤解問題，也可能忘記相關資訊（例如前一個星期用了多少燃料），因而以猜測估計代替。此外當然還可能刻意造假（例如謊報收入或飲酒量）。

然而正如先前提過，我們不能期望統計資料完全準確。即使我們自己計算或測量，也難免會有**誤差**（error），偶爾不專心或必須趕緊工作，都可能使我們把樣本成員歸到錯誤類別、把某一項算成兩次或少算一項。

此外在測量時，由於儀器有極限（例如尺上的刻度），所以我們不可能記錄到**確切**長度，只能記錄到最接近的公分或毫米。所以，一間房間在資料上是300公分長（最接近的10公分），實際長度可能介於295公分和305公分之間（更小的房間長度資料可能是290公分，更大的則是310公分，也都是

以最接近的10公分為準）。所以記錄值的誤差可能是多或少5公分，我們可以把房間的長度寫成300公分 ± 5公分，也就是「300公分**加減**5公分」，用來表示**可能誤差**（possible error）。

> 這個房間是否可以採用某種測量方法，使測量值
> i. 可能誤差小於 ± 5公分
> ii. 完全沒有誤差

如果我們採用了**1公分**這類較小的測量**單位**，就能縮小可能誤差。

因此，如果我們測量出房間的長度是280公分（最接近的公分），實際長度不可能在279.5公分到280.5公分的範圍之外，所以最大可能誤差（記錄值和真實值之差）就是0.5公分。

然而，無論我們把測量單位縮到多小（例如最接近的毫米），也不可能把可能誤差縮小到0，測量重量、時間或其他各種事物都是如此。實驗科學家投注心血，設計出愈來愈精確的儀器用於測量，然而無論儀器多麼精密，科學家們也不得不承認，實際值和觀察值之間永遠會有差異（可能是無限小）。

即使有可能達成，更高的準確度通常成本更高，花費的不只是金錢，有時還包括時間，而這麼做不一定划算。舉例來說，如果要為前面提到的房間採購地毯，長度和寬度當然必須

準確到以公分為單位，但如果是要採購油漆來粉刷牆壁，準確度只需要以10公分（甚至1公尺）為單位就夠了，測量得更準確其實並不影響需要採購的油漆量。

　　理所當然地，可能誤差的大小也因領域而異。在實驗科學中，可能誤差往往相當微小，社會科學中的可能誤差則大得多。在商業和經濟領域，許多資料透過問卷採集而來，又很少檢查這些回覆，所以誤差往往相當大。就像國家公布的各城鎮失業率，或是不同產業的總值等，誤差往往高達10%至15%（這可能是政府預測未來人口數或通貨膨脹率時往往完全不準確的原因之一）。

　　無論在什麼領域中，我們都應該記得，觀察值或記錄值其實只是**實際**值的**近似值**（approximations）。如果我們仔細算過，問卷填寫者也盡可能誠實填寫（或是我們以足夠小的單位仔細測量），資料誤差應該會很小，樣本數字也會**相當準確**，就能協助我們做出合理的決策。

　　但如果我們計算或測量時太粗心或粗略，或是必須依賴其他人可能粗心或粗略採集的資料，誤差就可能很大，也無法很有把握地解讀。此外，出乎大多數人意料的是，統計學不可能化腐朽為神奇，只要資料已經取得並記錄下來，無論是粗略或精細，統計學處理都不可能提高資料的準確程度。

　　在第三章中，我們將接著介紹取得樣本資料之後應該如何**處理**。

第 3 章

彙總資料

　　我們從樣本採集到資料之後，可能會有好幾頁或是好幾個畫面的數字（這些是我們的「觀察值」），我們首先要面對的問題是，如何整理和彙總這些數字，好讓我們和其他人都能夠理解。

表格和圖表

　　我想各位在前一章已經看膩二手自行車了，所以我們來換個主題。有一所大學幾年前以 50 名學生為樣本採集資料，資料中包含許多與學生的健康、社會和學術活動有關的變數。

　　這些變數中有一項是「到學校的交通方式」。最顯而易見的資料整理方式是畫成表格，列出公車、汽車、火車等每種交通方式出現的頻率，這樣的表格名為**次數表**（frequency table）。

　　要製作這樣的表格（例如檢視問卷回覆等），有個便捷的
方法是在每個成員所屬的類別旁邊畫上代表成員的**記號**。（如
下面的表格所示，每增加一個成員就畫一條直線，第五條和先
前四條交叉，然後繼續畫下一組，這樣畫出來的線條組容易計
算總數。）

學生前往大學的交通方式

步行	卌 卌 ‖	12
自行車	卌 卌 卌	15
機車	卌 ‖	6
汽車	卌	5
公車	卌 ‖‖	9
火車	‖‖	3

總計：50名學生

　　計數符號的總數寫在每一行的最後，表示每個類別中的
實際學生數。不過處理樣本的時候，我們感興趣的通常是**比例**
（proportions），因為我們想估計總人數中的比例，所以通常會
把這個數字轉換成**百分比**。我在下方的表格中已經轉換好了，
但仍然在括號中保留原始數字，讓你知道樣本大小，此外我還
依大小順序重新編排了這些類別。

學生前往大學的交通方式

交通方式	各類別的百分比	各類別的實際人數
自行車	30	(15)
步行	24	(12)
公車	18	(9)
機車	12	(6)
汽車	10	(5)
火車	6	(3)

（總人數：50）

　　我們還可以用什麼方法呈現比例上的差別？清晰明瞭的方法是用**方塊圖**（block diagram）呈現數字，每個方塊的高度和每個類別的學生人數成正比：

學生前往大學的交通方式

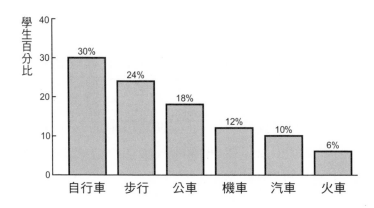

　　另一種呈現這類資料的方式是用**圓餅圖**（pie chart）。圓餅圖把一個圓分成好幾片，每一片在圓心處的夾角與這個類別的出現頻率成正比。

　　如果想強調每個類別的大小**與整體**相比的狀況，我認為上述兩種圖表都很適合。但如果想比較某個類別和其他類別的大小差異，其中一種圖表比另一種更適合。

> 你同意嗎？你認為這兩個目的分別適合使用哪種圖表？

　　如果想比較每個類別（片）和總數，我認為圓餅圖較為清楚；但如果想比較某個類別和另一個類別，方塊圖似乎更加清楚（只要比較方塊的高度就好）。

　　無論使用哪種圖表，樣本中騎自行車到大學的比例顯然很大。幸運的是，學校有很多空間可讓學生放置自行車，但學校職員也知道同事在抱怨愈來愈難找到地方**停放汽車**。他們比較近幾年來開車到學校的學生樣本資料，發現了可能的原因。這些樣本資料畫成圖表之後是這個樣子：

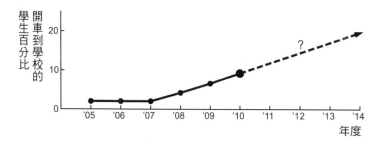

開車到大學的學生

> 在2007年之前，只有大約2%學生開車到學校，後來比例開始提高。**如果**這個趨勢持續到2010年之後（如圖中的虛線所示），到了2014年大約會有多少比例的學生開車到學校？

　　如果這個趨勢持續下去（而且非常有可能），2014年時大約會有20%的學生開車到學校。（不過到了2014年，這片校地

已經賣出，用來建造酒店式公寓，大學則遷到城外更加空曠的地方。）

以上頁圖表中的呈現方式，記錄某個變數某段時間內一連串的值，這樣的資料稱為**時間序列**（time series）。

時間序列分析，也就是尋找一段長時間內的趨勢以及短時間內的規則變化，在商業、經濟史、醫學、氣候變遷研究和其他無數工作中，都是重要的統計方法。

對我們目前談過的類別資料而言，另一種有用的分析方法是所謂的「交叉表」（cross-tabulation）或**交叉分組**（cross-break）。這種方法是對每個類別加以細分，引進某些變數，依據成員的相關屬性，進一步分成子類別，例如出席紀錄、參加的大學社團、年齡、性別等。

從這些交叉分組中，或許可以看出在坐公車的學生中女性佔大多數，但在騎自行車的學生中佔比非常少。開車者幾乎全部都是三年級生，住得離學校很遠的女性上早課時遲到的次數遠少於男性，但女性很少留在學校、走特別路線，或參加學校活動等。這些發現或許全都和了解大學生活有關。

我們現在來看看如何彙總取自**數量變數**的資料。我們測量了50名學生的心率，以下是依測量順序記錄所得的數字：

50名學生的心率（每分鐘次數）

89	68	92	74	76	65	77	83	75	87
85	64	79	77	96	80	70	85	80	80
82	81	86	71	90	87	71	72	62	78
77	90	83	81	73	80	78	81	81	75
82	88	79	79	94	82	66	78	74	72

　　這些數字以這種方式呈現時很難理解，它們是否有規律？整體狀況是什麼？舉例來說，我們能不能輕易找出最小心率和最大心率？最大和最小之間的其他心率分布是否平均？是否有某些心率比較常見？

> 假設你知道自己的心率大約是每分鐘74次，這個數字看起來比這50名學生中的大多數人快還是慢？（請不要思考超過半分鐘。）

　　你一定覺得難以從這堆數字中找出這項資訊。如果這些數字依照大小順序排列，或許就會比較容易。

　　我們就這麼做，看看是否有助於從中找出規律：

50名學生的心率（每分鐘次數）

62	64	65	66	68	70	71	71	72	72
73	74	74	75	75	76	77	77	77	78
78	78	79	79	79	80	80	80	80	81
81	81	81	82	82	82	83	83	85	85
86	87	87	88	89	90	90	92	94	96

　　此外，數量變數的觀察值依順序排列時（比如上面這樣），稱為**陣列**（array），比較普遍的說法是**分布**（distribution）。

　　觀察上面的分布，現在我們至少可以看出最小和最大心率，分別是每分鐘62和96次，我們由此知道**全距**（range）。在統計學中，全距是這個變數的最小值和最大值之差。在這個例子中，96減62等於34，因此全距是每分鐘34次。

　　依照大小排列觀察值之後，我們還能知道什麼？有個很容易找出來的東西是**中位數**（median）。中位數（源自拉丁文的「中間」）可以告訴我們分布的**中央位置**，通常被視為具代表性的值，或說是某種平均。

　　事實上，中位數是把分布分成兩半的值，大於中位數和小於中位數的觀察值應該一樣多。因此，如果以下的數字是七名學生每星期騎自行車的里程：

0　16　18　20　33　48　68

中位數便是20（公里／星期），大於和小於這個值的觀察值**一樣多**。

當觀察值數目是偶數時，任何一個觀察值兩邊的觀察值都不可能一樣多。在這種狀況下，中位數可視為位於兩個中值的**正中間**。

因此，如果騎自行車68公里的學生**不在**樣本中，分布就是這個樣子：

0　16　18　20　33　48

中位數位於18和20（兩個中值）的中間，所以統計學家會說中位數是19（但其實沒有學生正好騎自行車19公里），是兩邊觀察值數目一樣多的值。

如果兩個中間觀察值正好**相同**，則這個值就是中位數。因此，如果騎自行車20公里的學生少騎2公里，則兩個中間值就都是18，而18就是中位數。

前面的心率分布的中位數是多少？

這裡有50個觀察值，所以中位數的值必須大於25個觀察值，並且小於另外25個。我們把第25個值（79）和第26個（80）的差除以2，因此中位數是每分鐘79.5次。

中位數是「代表性」的平均值（雖然它不是實際觀察值）。但還有一個具代表性的值出現率高上許多，就是**算術平均數**（arithmetic mean）。平均數在小學算術課中通常稱為「平均」（average，但除了算術平均數和中位數外還有好幾種平均）。

平均數的計算方式是把所有觀察值相加，再除以觀察值的總數。因此前面提到的七名學生騎自行車里程**平均數**的計算方式是：

$$0 + 16 + 18 + 20 + 33 + 48 + 68 = 203 公里$$

203再除以7等於29公里。

我說過這本書裡沒有計算，所以這裡不會請你把50個心率數字相加之後再除以50，只會告訴你心率平均數是每分鐘79.1次。請注意這個數字和中位數不完全一樣。

你自己的心率是高於或低於這組樣本的平均數？

　　我不知道你的心率，但我的心率遠低於這組樣本的平均值。這個平均值概念運用方式十分常見，它讓我們得以比較某個分數或值（例如自己的心率）和其他地方觀察到的代表值或常見值。

　　我們已經看過多少種描述資料的方法？我們又有多少方法來描述這組資料？依大小排列心率，可以更容易地找出最大值、最小值和中位數（對我而言也更容易算出平均數）。

　　不過有一件事我們現在還不清楚，那就是這組分布的整體**形狀**。

> 舉例來說，再看一下這組分布，我們是否能輕易得知觀察值在全距內的分布是相當平均，或是經常集中在某個點？（同樣地，請不要思考超過半分鐘。）

　　乍看之下當然不明顯。事實上，我們可以藉助圖表來「描繪」，更清楚地傳達這組分布的整體型態，因此：

　　下頁的圓點圖（dot diagram）顯示心率大多集中在全距的中央，例如心率為77和82之間的學生人數比其他心率更多。

每個點代表一名學生

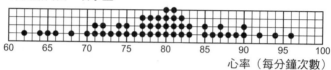

心率（每分鐘次數）

　　與上方類似的圖形或表格編排方式稱為**次數分布**（frequency distribution），用以說明每個值的出現次數。

> 舉例來說，以下心率出現的次數是多少？
> i. 90
> ii. 69

　　90的心率出現了兩次（次數＝2），但69的心率沒出現過（次數＝0）。

　　我們可以藉助圓點圖呈現的次數分布來檢視某個心率是否比其他心率更常出現。在分布中出現次數最高的值稱為分布的**眾數**（mode），也就是最「流行」或「大眾」的值。因此在某些國家中，8號是男鞋的眾數（又稱為眾數值〔modal value〕），也就是銷售數量最多的尺寸。眾數也是指出紀錄中的典型值（typical value）和代表值（representative value）的方式，它是第三種「平均」。

　　在上面的分布中，沒有單一值的出現頻率高於其他值，有

兩個值（80和81）出現的次數同樣最多。因此我們會說這組分布有兩個眾數（80和81），同時它們相當接近，或許有助於描繪統計數據的樣態。

　　事實上，眾數最大的用途通常是在樣本屬於類別而非數量變數的時候。舉例來說，如果步行來往大學的學生人數大於使用其他交通方式的學生，則「步行」就是**眾數類別**（modal category，類別變數無法計算平均數或中位數）。

　　現在回頭看心率資料，我們還能如何找出分布中的型態？我們可以把觀察值**分組**，舉例來說，我們可以找出有多少觀察值大於等於60但小於65、大於等於65但小於70、大於等於70但小於75……以此類推。這麼做之後，將可得到下列的表格：

心率（每分鐘次數）	學生人數（頻率）
60－64	2
65－69	3
70－74	8
75－79	12
80－84	13
85－89	7
90－94	4
95－99	1
	(50) = 總數

　　上面的編排方式稱為**分組**次數分布（grouped frequency distribution），它能更清楚地呈現整體型態：在這個例子中，有一大群觀察值位於中央。但這種方式會**失去**個別觀察值的資訊，舉例來說，紀錄中的最高心率可能是每分鐘95、96、97、98或99次，但我們看不出來。為了呈現整體狀況，往往會犧牲細節。

　　我們可以用**直方圖**（histogram）更清楚地呈現分組次數分布中的型態。直方圖是一種方塊圖，其中的方塊面積和每個分組的頻率成正比。

　　在下方的直方圖中，「每分鐘70–74次」這一組的成員是「90–94次」這一組的兩倍，所以它的方塊也是兩倍大（請注意我在橫軸上標註了每一組**中間點**的心率數字）。

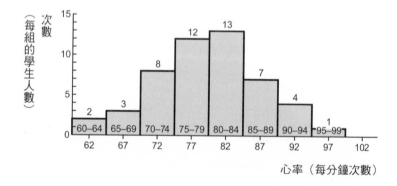

50名學生的心率

　　此外也必須注意，直方圖的總面積（也就是灰色部分）和觀察值總數（50）成正比。如果我們以25名學生，使用相同的尺度製作類似的直方圖，面積應該會是一半。

> 直方圖的八個分組（60–64、65–69等）中，哪個是**眾數**組？

　　眾數組是次數最多的一組，在這個例子中是「每分鐘80–84次」（比75–79這組多一個）。

　　關於彙總由樣本取得的資料，目前已經介紹了哪些方法？我們已經知道一組**原始資料**（raw data），也就是未經處理的數字，往往相當模糊難解。第一步是依大小順序重新排列，分組也有助於找出分布中的型態，圖表比數字更能讓我們看清楚分布的**形狀**。

　　此外，我們也開始尋找數字（例如平均或全距），藉以量化分布的重要特徵。事實上，要以統計方式描述分布，或是用來進行推論或預測，我們必須有這類數字。其中最重要的兩個數字是**集中趨勢量數**（central tendency，或稱平均）和**離散量數**（dispersion，或稱變異性〔variability〕）。

集中趨勢（平均）

「集中趨勢」的意思是觀察值集中在特定值（或是集中在某一組），而不是平均分散在全距或所有類別中。

我們已經看過這種趨勢的三個量數，平均有三種，分別是眾數、中位數和平均數。要選擇使用哪一種平均，取決於變數的種類。

舉例來說，以下資料應該使用哪種「集中趨勢量數」（或平均）？

應該是：

A. 眾數

B. 中位數

C. 平均數

交通方式	學生人數
自行車	15
步行	12
公車	9
機車	6
汽車	5
火車	3
總人數	50

　　這種「類別資料」應該使用的平均或集中趨勢量數是眾數，眾數類別是「自行車」。算出每種交通方式的平均學生人數（50除以6）或找出「中位」交通方式沒有意義。

　　雖然資料涉及類別時大多使用眾數，但數量變數很少會用到它。在這種情況下，使用的平均可能是平均數，偶爾也會使用中位數。

　　平均數當成集中趨勢量數時有幾項優點，最主要的優點是它很少隨樣本而改變。也就是說，如果我們從同一個母體取得數組樣本，這些樣本的平均數差異應該小於中位數或眾數。因此，樣本平均數是估計母體的集中趨勢時最可靠的方法。

　　然而在某些狀況下，資料也可能只集中在中間值的大小，因此使用中位數而非平均數。舉例來說，我們觀察兩組薪資分布，分別是X和Y，兩組分布各代表不同的五個人。

| X | £30,000 | £38,000 | £42,000 | £57,000 | £73,000 |
| Y | £30,000 | £38,000 | £42,000 | £55,000 | £244,400 |

兩組的收入中位數相同，都是42,000英鎊，但X組的平均收入是48,000英鎊，Y組則是82,200英鎊。

> 平均數或中位數都能妥當地「代表」X組，但哪種平均更能呈現Y組的常見薪資？
>
> A. 平均數
> B. 中位數

在Y組中，中位數更能呈現常見薪資。平均數因為一個罕見的數字而失真，中位數則不受影響。

所以中位數適用於有少數極端值（極大或極小）出現的分布。這類極端稱為**離群值**（outlier），它們可能使平均數失真，使它偏離分布的中央。

此外，分布中某些值的大小有不確定性的時候，也必須使用中位數。舉例來說，假設有5名公車乘客的年齡如下：

12歲以下、22歲、48歲、54歲、超過65歲

　　這時我們無法計算平均年齡（除非自己為最年輕和最年長的乘客設定年齡），但中位數顯然是48歲，一半乘客大於48歲、另一半乘客小於48歲。

　　所以平均數（有時是中位數）是我們通常用來指出分布中央的值。接下來，如果要處理數量變數，我們需要一個量數來指出觀察值由中央向外分散的程度。這些值的變異愈大，就愈分散，所以我們要找的是**離散量數**（或變異量數）。

離散量數

　　要了解離散度，請比較以下兩幅圓點圖。第一幅先前已經看過了。

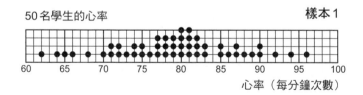

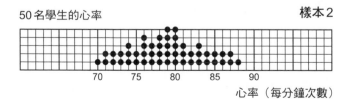

你認為這兩組分布最大的差別是什麼？你是否能夠提出一個數字（我們已經討論過的統計量）協助我們量化這個差別？

對我而言，最大的差別是樣本2的觀察值遠遠沒有樣本1那麼分散。要量化兩組分布的離散度，最簡單的方法是比較兩者的**全距**：

在樣本1中，全距 = 96 − 62 = 34次
在樣本2中，全距 = 88 − 70 = 18次

樣本1的變異性顯然遠大於樣本2。

全距是粗略的離散量數。它最大的優點是容易計算，而且隨意一看都很明顯。

然而，全距通常不是值得信賴的量數。它完全取決於兩個值，也就是兩個最極端的值。這兩個值可能是離群值，與樣本中的其他值相差極大，我們從前面的Y組收入分布已經得知這點。

從圓點圖也可以看出這點。以下是兩組各20名學生在測驗中獲得的分數：

X組

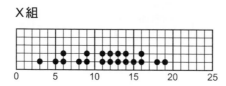

Y組

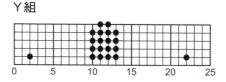

你認為上面兩組分布中，哪一組比較分散？是X組還是Y
組？它的全距是否也比較大？

　　沒錯，整體而言，X組的分布似乎比較分散。在Y組中，
除了兩個極端值之外，一共只有10、11、12、13這四個相鄰
的值，但X組中則有13個不同的值。然而由於兩個離群值的
影響，Y組的全距大於X組。

　　要得出相對「公正」的離散量數，有一個方法是從比較接
近分布中央的部分取得某種「小全距」，藉此排除離群值。這
個小全距的依據是分布的**四分位數**（quartile）。如同中位數是
把觀察值分成兩等分的值，四分位數就是把觀察值分成**四**等分
的值。

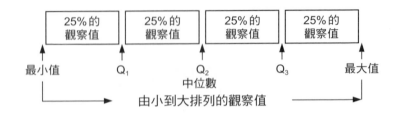

如上圖所示，**四分位數**共有三個，分別是Q_1、Q_2和Q_3。第二個四分位數的值和中位數相同。（你或許還看過**十分位數**〔decile〕和**百分位數**〔percentile〕。也許你已經猜到了，這兩者分別把觀察值分成十等分和一百等分，但本書中不需要用到它們。）

剛才提到的「小全距」稱為**四分位距**（inter-quartile range），是Q_1和Q_3值之間的差。

現在把小全距套用在X組和Y組兩個分布上。兩組各有20個觀察值，所以我們要消去最小和最大的5個值。因此，Q_1就是第五個和第六個觀察值中間的值，Q_3則是第十五個和第十六個觀察值中間的值。

在X分布中，第五個值是8，第六個值是9，所以$Q_1 = 8\frac{1}{2}$；同樣地，第十五個值是14，第十六個值是15，所以$Q_3 = 14\frac{1}{2}$，因此四分位距 $= 14\frac{1}{2} - 8\frac{1}{2} = 6$分。

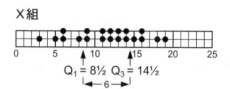

X組

Q₁ = 8½　Q₃ = 14½

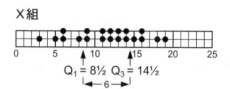

Y分布的四分位距是多少？

在Y分布中，第五個值是 10，第六個值是 11，所以Q₁ = 10$\frac{1}{2}$；第十五個值是 12，第十六個值是 13，所以Q₃ = 12$\frac{1}{2}$，四分位距 = 12$\frac{1}{2}$ − 10$\frac{1}{2}$ = 2分。

你應該會同意，四分位距比全距更能合理地指出這兩組分布的離散度。

四分位距是經常和中位數一起使用的離散量數，但我們現在應該開始專注於最常用的離散量數：**標準差**（standard deviation）。標準差考慮的範圍涵括**所有**觀察值。

標準差如何發揮作用？如果一個分布中完全沒有離散，所有觀察值都將相同，平均數也會和這個重複的值相同，沒有一個觀察值會偏離平均數或和平均數不同。

但有離散時，觀察值就會偏離平均數，有些偏離很多、有些只偏離少許。使用一組分布的標準差是指出所有值「平均」偏離平均數的量，離散愈大，離差愈大，標準（平均）差也就

愈大。

你認為以下這兩組值中，哪組的標準差**較大**？

J組　　6　　24　　37　　49　　64　（平均數 = 36）

K組　　111　114　117　118　120　（平均數 = 116）

　　J組的值比K組分散（也就是更偏離平均值），所以標準差應該比較大。我們來看看結果是什麼。

　　在K組中，各個值偏離平均數116的幅度如下：

値：　　　　　　　111　114　117　118　120

偏離116的幅度：　−5　　−2　　+1　　+2　　+4

現在我們不能算出離差的平均（算術平均數），因為我們會發現偏離幅度的總和一定是0。負離差一定會和正離差互相抵消。所以為了解決這個問題，我們先算出每個離差的**平方**，藉此消去負號：

離差：　　　　　−5　　−2　　+1　　+2　　+4

離差的平方：　　25　　4　　1　　4　　16

離差平方的平均數稱為**變異數**（variance）：

$$變異數 = \frac{25+4+1+4+16}{5} = \frac{50}{5} = 10$$

變異數有其本身的用途（本書稍後會介紹），但在日常使用方面，它確實有個缺點，就是如果分布的原始值（也就是平均數）的單位是「每分鐘心跳次數」這類，變異數就會變成「每分鐘心跳次數的**平方數**」！

這樣會變得很難處理，所以為了讓離散量數的單位變得和觀察值（以及集中趨勢量數）相同，我們再算出變異數的**平方根**，這就是所謂的標準差：

$$K組的標準差 = \sqrt{10} = 3.16$$

說不定有讀者對 $\sqrt{}$（根號）這個符號不熟，根號是數學家對「平方根」的簡寫。一個較小的數乘以自身後得到一個較大的數（例如16），而較小的數便是較大的數的平方根。因為 $4 \times 4 = 16$，所以我們可以說4是16的平方根。

現在我們來看看如何把這個方法套用在J組上：

J組的值：	6	24	37	49	64	平均數 = 36
與36的離差：	−30	−12	+1	+13	+28	
離差的平方：	900	144	1	169	784	

$$變異數 = \frac{900 + 144 + 1 + 169 + 784}{5} = \frac{1,998}{5} = 399.6$$

$$標準差（J組）= \sqrt{399.6} = 20$$

我想你應該已經預測到，我們知道J組的標準差比K組大很多，這是因為J組中的值分散得多。

現在再回頭看第67頁的兩組分布。

這兩組分布中，你認為哪組分布的標準差較大？

在第67頁的兩組分布中，X的標準差比Y大，兩者分別是4.3分和3.3分。

最後我們再看一次第65頁的兩組分布（樣本1和樣本2）。

下面幾組數字中，**有一組**代表兩組分布的標準差，你認為哪一組**正確**？兩個標準差分別屬於哪一組分布？
A. 每分鐘4.6和7.6次
B. 每分鐘7.6和37次
C. 每分鐘19和37次

　　樣本1的標準差是每分鐘7.6次，樣本2為每分鐘4.6次。

　　你應該能輕易看出，較大的標準差屬於較分散的分布，但要看出哪組是正確的標準差說不定比較困難？希望大家都注意到，即使7.6對較為不分散的樣本而言正確，但37則完全超出全距，所以（B）不正確。同樣地，（C）的數字也超過兩組樣本的全距。

　　事實上，無論是哪個分布，你都會發現標準差一定跟全距相差很多，即使是像這樣非常分散的一組值：

1　　2　　3　　997　　998　　1000

　　全距高達999，標準差也只有500。樣本大約有十個成員時，標準差大概是全距的 $\frac{1}{3}$。樣本成員約有100個時，標準差將縮小到 $\frac{1}{5}$ 左右。如果需要**猜測**標準差時，這些大致比例可能會有幫助。

　　那麼我們該如何彙總樣本成員提供的資料呢？除了呈現「原始」資料之外，我們或許還可以：

1. 使用表格呈現包含在其中的型態。
2. 使用圖表描繪，說明相關的量。
3. 找出適合的數字（統計量）指出它的「集中趨勢」（例如眾數、中位數或平均數），如果是數量變數，則還可指出它的「離散度」（例如全距、四分位距或標準差）。

　　使用的表格、圖表和統計量種類主要取決於資料與類別變數或數量變數，下一章我們將進一步說明這些概念。

第4章

分布的形狀

　　學到算術平均數和標準差之後，你就擁有了兩個強大的工具，可以用來描述大多數與數量變數有關的統計分布（中位數和四分位距有時也是很有用的統計量）。不過我們不能忽視圖表的描述能力，尤其是在表達分布的整體**形狀**方面。

　　你或許已經發現、也可能還沒發現，目前我們看過的分布都相當對稱。的確，這些分布都以相同的方式**對稱**，大多數觀察值集中在所有值的範圍的中央，朝兩個極端逐漸減少。後頁的圖表是一個例子：

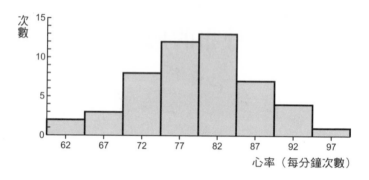

50名學生的心率分布

這樣的對稱在統計分布中相當常見，尤其是生物變異方面，但這**並非**普遍現象。

偏態分布

　　請看右頁的表格，表格中包含兩組分布（X和Y），分別列出同一群學生兩次數學測驗的分數。

分數	學生人數	
	X測驗	Y測驗
0－4	4	0
5－9	10	1
10－14	17	2
15－19	13	5
20－24	11	7
25－29	7	13
30－34	4	19
35－39	2	14
40－44	1	8

以下兩幅直方圖（a）和（b）中，哪幅描述X分布、哪幅描述Y分布？（我只在橫軸上標出各組的中點）你該如何描述兩組分布間的**差異**？

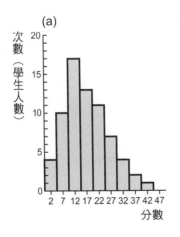

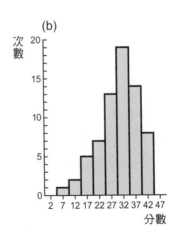

　　左邊的直方圖（a）代表X測驗的分數，直方圖（b）是Y測驗的分數分布。這兩組分布最令人驚奇的地方是兩者都不是對稱的。

　　和我們目前看過的狀況不同的是，這些觀察值**並非**大多位於分數範圍的中間（大約是20至30），並且數目朝兩邊的極端逐漸減少，而是大多集中在範圍的一端，朝另一端逐漸減少。而這兩組分布的差別是觀察值集中在不同的兩端。

　　這種類型的分布稱為**偏態**（skewed），**偏斜**（skew）是觀察值的尾巴。有個幫助記憶的方法：**queue**在法文中是「尾巴」的意思，只要把skew想成「s(queue)」就好了。*

　　分布可能是正偏態或負偏態：

- 尾巴在右邊（正向）是**正偏態**。
- 尾巴在左邊（負向）是**負偏態**。

> 上頁兩組分布中，哪組是正偏態，哪組又是負偏態？

　　（a）分布是正偏態，（b）分布則是負偏態。（a）的尾巴在右邊，（b）的尾巴在左邊。

　　雖然兩組分布的最大和最小觀察值大致相同，但平均數相去甚遠：（a）的平均數是17.1分，（b）是30.2分。

　　可能有讀者不清楚我怎麼算出**分組**分布的平均數——我把某一組的所有觀察值都視為這一組的**中點值**。舉例來說，我把 (a) 的「20–24分」這組的11個觀察值全都視為22分，計算標準差時也是這麼做。

　　結果和使用「原始」分數得到的結果相差非常少。

　　這裡必須注意偏斜對平均數、中位數和眾數的相對大小和位置的影響。在我們先前討論的對稱分布中，集中趨勢的三個平均都位於相同的位置，也就是中央或附近。舉例來說，請看這幅簡單的圓點圖：

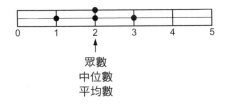

　　圖中顯示觀察值是1的有一個、2有兩個，3有一個。眾數，也就是最常出現的觀察值是2；中位數，也就是把分布分成兩等分的值也是2；平均數，也就是所有觀察值的總和依總數均分，是 $\dfrac{1+2+2+3}{4}$ ，結果一樣是2。

　　現在來看看如果在某一邊加入幾個觀察值，使這組簡單的

---

*　譯註：queue和kew同音。

分布偏斜，形成尾巴，會出現什麼狀況。我們加入一個4和一個5：

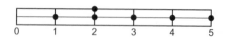

這麼做對三個平均有什麼影響？最常出現的觀察值還是2，所以2依然是眾數，但中位數會怎麼樣？因為現在分布中有6個觀察值（原本是4個），中位數必須位於第三個值和第四個值中間，第三個觀察值是2，第四個是3，所以中位數是$2\frac{1}{2}$，因此中位數已經偏離眾數，朝偏斜方向移動。

那麼平均數呢？現在分布已經偏斜，它會位於其他兩個平均的什麼地方？

平均數朝偏斜方向移動得更多，因為它受加入的兩個觀察值和它們的**數量**影響。事實上，新分布的平均數是：

$$\frac{1+2+2+3+4+5}{6} = \frac{17}{6} = 2.8$$

所以在偏態分布中，三個平均的位置是這樣的：

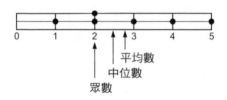

如果分布的尾巴朝相反方向，位置則會正好相反：

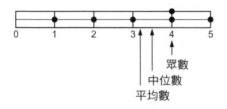

　　在偏態分布中，三個平均的相對位置一定可以預測——眾數位於分布的最高峰下，平均數會朝偏斜方向移動（無論是左或右），中位數則位於眾數和平均數之間（有個統計量稱為偏斜係數〔coefficient of skewness〕，就是依據這個關係計算而得，但通常很少使用）。

　　我再展示兩組分數分布一次，但這次以箭頭指出三個平均的位置：

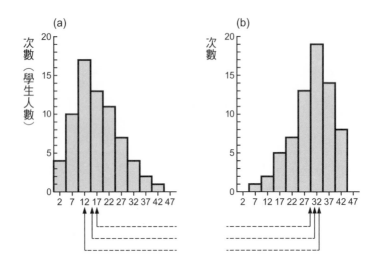

請寫出上面兩幅直方圖中每個箭頭指出的平均的名稱,測驗一下自己對偏斜的了解。

　　從左到右:在(a)分布中,三個平均是眾數、中位數和平均數,在(b)中則是平均數、中位數和眾數。

　　此外,兩次測驗出現兩種不同的偏斜也是可以解釋的:(a)分布說明學生在課程開始前的數學測驗分數,(b)說明課程結束時的分數,顯然大多數人進步非常多,但有幾位學生似乎受益不大,仍然在低分組中。

再回頭看這兩幅直方圖，你是否看得出來（b）分布和（a）分布的**離散度**的改變？你認為是增加、減少或大致相同？

　　確實，差別真的相當小，不過（b）分布的離散度比（a）分布小得多。請注意它的全距略小一點，三個最高的長條稍高一點。事實上，我的計算結果指出（b）分布的標準差是8.1分，而（a）的標準差是9.1分（所以這些彙總數字透露了圖中不太顯著的訊息）。

　　我們實際上碰到的分布都可能有一定程度的偏斜，甚至可能比上面的例子更加誇張。

　　舉例來說，假設我們在繁忙的十字路口連續站一個月，計算每天有多少起交通事故，很可能會發現0起事故的天數多於其他數目的事故數，接著是1起、2起、3起……依序**愈來愈少**。下圖說明狀況可能是這樣：

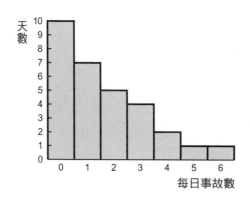

　　高度偏態分布的其他日常例子包括大型機構的員工收入，或是一批剛生產的行動電話中每臺電話的故障次數等。

　　但在這本書中，我們會把眼光集中在最常見的、大致對稱於中央高峰的分布。在接下去討論之前，我們需要知道對稱分布還有**其他**種類。

　　例如，以下直方圖中的**雙峰**（bimodal）對稱。這種對稱有兩個高峰，位於全距的兩端附近。如果這樣的直方圖源自學生在考試中得到的分數，可能代表其中包含了兩群差異很大的學生。

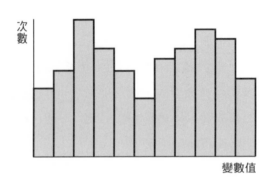

「常態」分布簡介

　　進一步討論分布之前，我們先簡化描繪分布的方式。現在我們不畫圓點或長條，而是畫出分布邊界的輪廓。如果我們以平滑的曲線把圓點圖中最高的點或直方圖中長條的頂端連在一

起，就可得出分布曲線。**分布曲線**（curve of the distribution）
是分布的隱含形狀。

舉例來說，下圖是前面提過的兩次測驗分數分布（X和
Y）的直方圖，我在圖中加上分布的隱含曲線：

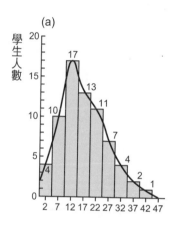
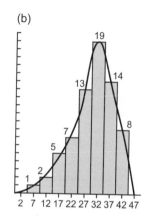

現在請仔細看前面兩組分布（第83和84頁），分別是
「事故」分布和「雙峰分布」。試著畫出兩組分布的曲線，
你會怎麼描述這兩個不同的形狀？

你畫出或「感覺」的曲線看起來應該大致是後一頁的樣
子。我覺得左邊的曲線像圓周長的一部分，而右邊的曲線則讓
我想到山峰。

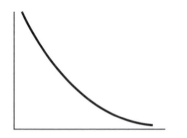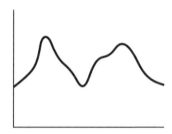

現在我們來畫畫看圓點圖的曲線,同樣是50名學生的心率分布。從下圖可以看出,如果我們想用曲線畫出它的輪廓,結果會是另一種「山景」:

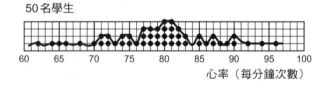

雖然學生大多集中在全距的中央,但也不是十分均勻,曲線包含好幾個「山峰」和「山谷」。這條曲線沒有我們目前看過的大多數曲線那麼平滑。

不過,假如我們再測量25名學生(當然是隨機選擇),把他們加入圓點圖,這幅圓點圖將會呈現75個心率的分布。我們還可繼續測量更多學生,從而呈現100、150、200或更多個心率。

我們在分布中加入資料時,會發現「山峰和山谷」開始慢

慢消失。樣本規模愈大，分布的輪廓曲線就愈來愈平滑，舉例
來說：

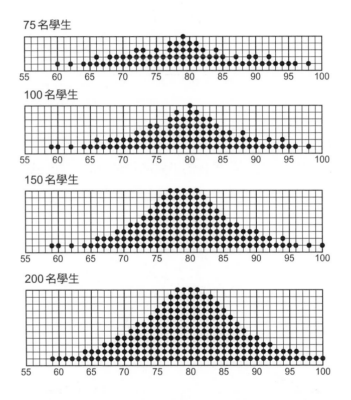

試著畫出（或用手指描出）最後一幅圖表，也就是200名
學生的心率分布輪廓曲線。

你畫出的曲線看起來應該像這樣：

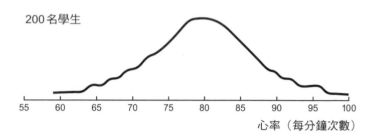

200名學生

心率（每分鐘次數）

　　顯而易見地，學生人數增加之後，這組分布的輪廓已經變得相當平滑。的確，如果我們不只測量幾百名、而是**幾千名學生**時，得到的曲線應該會像下面這樣：

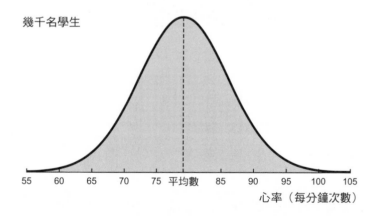

幾千名學生

平均數

心率（每分鐘次數）

　　如果有興趣，可以想像一下，上面圖表中的「點」排列得非常密集，所以合併成一片，點跟點之間無法分辨。（事實

上，我已經把前面圓點圖的垂直尺度大幅縮小。畢竟曲線下方的區域和觀察值的數目成正比，和直方圖一樣。如果維持相同的尺度，圖就必須畫得更高，用來代表**幾千名**學生，而不只是幾百名。）

上方的分布形狀稱為分布的**常態曲線**（normal curve，十八世紀的棣美弗〔Abraham de Moivre〕首先留意到這條曲線，十九世紀初的高斯〔Carl Friedrich Gauss〕以方程式定義這個曲線），這條曲線是完全對稱的鐘形，平均數位於中央（也包括眾數和中位數）。

與任何分布曲線（無論是否為常態）相同，從基線上任一值垂直向上畫一條線，可把曲線包圍的區域分成兩部分。你可以看出，以常態分布而言，我們能算出這個變數值**兩邊**的觀察值各佔多少百分比。

> 舉例來說，在第88頁下方的圖中，平均數（以垂直虛線標示）**兩邊**的觀察值各佔多少百分比？

在圖中，平均數完全對稱分布的正中央，虛線把總面積分成相等的兩半，因此平均數的一邊有50%的觀察值，另一邊也是50%。

常態曲線可能高高瘦瘦，也可能矮矮胖胖，或是完全躺

平，取決於標準差是大是小，或是我們畫出縱軸和橫軸時選擇
的尺度比例。舉例來說，請注意在以下的圖中，我們愈是壓縮
縱軸對橫軸的比例，曲線就愈平坦。

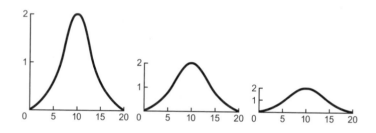

但常態曲線無論多高或多寬，曲線下方**區域**的分布一定相
同。舉例來說，在上方的圖中，橫軸上15和20之間的區域所
佔的比例相同。

我在下方的圖表上，同時畫了a、b、c三條曲線，這三者
中，哪一條看起來最像「常態」分布的曲線？

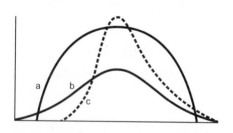

曲線b看起來最像常態分布曲線，它不只對稱於中央的高峰（曲線c不對稱），比例也比較正確（曲線a不正確）。

我們說曲線b是「常態」曲線時，不代表它是「平常」的曲線。相反，「常態」的意思是一種型態或標準，代表終極、理想和「完美」，與我們在真實世界中實際看到的各種分布成對比。事實上，許多事物的分布（例如某種天然或人工物品的大小或重量）也確實接近這條理想曲線。也就是說，這些曲線大致上對稱於中央平均數，而且呈現鐘形。

不過我們必須記住，常態曲線是數學上的抽象概念，它由一個方程式定義，但我相信許多讀者應該會覺得這個方程式看起來非常讓人頭痛，而且這個方程式假設母體為無限大，我們在日常生活中取得的樣本規模不可能形成這麼完美的曲線。

然而，規模很小的樣本經常也能形成漂亮的鐘形分布。前面的50名學生心率的**圓點圖**或許不那麼明顯（100人的樣本就很清楚），但即使只有50人，也看得出來有個中央高峰，觀察值逐漸（雖然不是很均勻）朝兩邊減少。

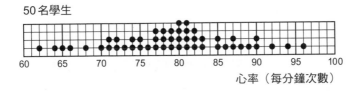

50名學生

心率（每分鐘次數）

但如果我們以**分組**分布畫出曲線呢？再看一次下方的心率**直方圖**，這張圖第一次出現在第76頁。下圖中可以看到，我試著以平滑曲線連接每個方塊頂端的中點，你認為這條曲線看起來比圓點更接近常態嗎？

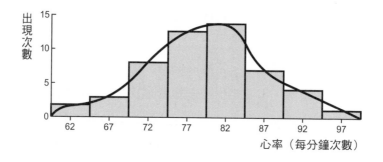

我希望你會同意，儘管以分組資料畫出的曲線還是相當粗糙，而且有點偏斜，但確實更接近常態曲線。

所以，即使是規模很小的實際樣本，分布往往也彷彿「想要」變成常態！這表示樣本可能來自很大的母體，而這個母體本身的分布確實是常態曲線。

在這種狀況下，我們可以運用常態分布某些強大的特質來解讀樣本。事實上，常態曲線的特質是平均數和標準差之間的關係。依據常態分布的形狀，**我們可以指出介於兩個變數值之間的母體所佔的比例**。要達成這個目的，我們只需要知道平均

數和標準差。接下來，我們可以把分布中的任何一個值視為與平均數相差「幾個標準差」。也就是說，我們可以將標準差當做**度量單位**。

　　舉例來說，假設我們有一組學生心率樣本，平均數為80，標準差為每分鐘6次。如果有一名學生的心率是每分鐘86次，就是「比平均數高1個標準差」。

　　如果要把標準差當成度量單位，可以縮寫成SD，所以剛剛提到的學生高於平均數1 SD。同樣地，一名學生的心率為每分鐘74次時，可以說是低於平均數1 SD；每分鐘89次的心率就是高於平均數1.5 SD，以此類推。

如果知道平均數 = 80和SD = 6，你會如何描述以下幾名學生的心率，也就是每名學生高於或低於平均數多少個標準差？

　i. 每分鐘98次

　ii. 每分鐘77次

　iii. 每分鐘68次

　　當平均數是80、標準差（SD）為每分鐘6次時，98次高於平均數3 SD（因為3 × 6）、77次低於平均數0.5 SD（3是6的一半），68次則低於平均數2 SD（2 × 6）。

如果我們只畫出直方圖的基線或分布的曲線，就能在下圖中畫出以上這些值的位置：

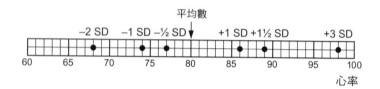

因此，分布中的**任何**值都能改以高於或低於平均數多少個SD來表示。無論分布是不是常態，都可以這麼做。但分布是（或大致上是）常態時，可以使用常態曲線來估計任兩個值之間有幾個觀察值。

標準差把常態分布分成數個「標準」部分，每個部分包含**已知比例**的觀察值總數。你或許已經知道平均數兩邊各有一半的觀察值，但接下來你將會知道，平均數兩邊各1個標準差的區域內有大約 $\frac{2}{3}$ 的觀察值，也就是一邊有 $\frac{1}{3}$，另一邊也有 $\frac{1}{3}$。

常態曲線下方的比例

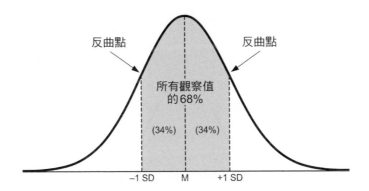

反曲點　　　　　　　　　　　　反曲點

所有觀察值
的68%

(34%)　(34%)

−1 SD　M　+1 SD

> 常態分布中，大約有多少比例的觀察值大於平均數 1 SD
> 以上？

我們知道 M ± 1 SD（小於平均數 1 SD 和大於平均數 1 SD 之間的範圍）約佔所有觀察值的68%，所以這個範圍外的比例一定是 100 − 68 = 32%。由於分布是對稱的，所以可知有32%的一半（也就是16%）的觀察值小於平均數 1 SD 以上，另外16%大於平均數 1 SD 以上。

請看上面的常態分布曲線，曲線從高峰向兩邊下降，一開始先向外凸，同時下降得愈來愈快，到了某一點（這個點稱為反曲點〔point of inflection〕），曲線變成向內凹，同時開始變

得平緩。平均數和兩邊的反曲點之間的距離正好等於標準差。常態分布中大約有 $\frac{2}{3}$（68%）的觀察值位於平均數兩邊1個標準差之內。我們稱呼這個範圍為「平均數正負1 SD」，簡寫為 M ± 1 SD。

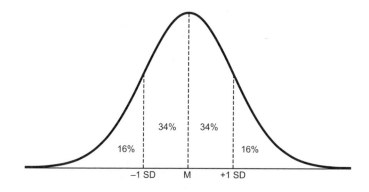

現在舉個例子來說明我們可以如何運用這些知識：一臺警用測速器監測通過某個地點的1000輛車，車速大致上呈現常態分布。假設平均數是時速45公里，標準差是時速5公里。

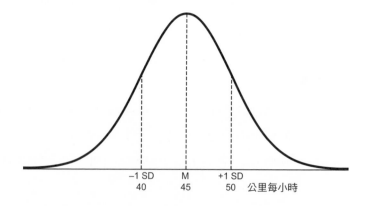

如果法定速限是時速40公里，你認為大約有幾輛車已經
違規？

　　時速40公里的速限低於時速45公里的平均數一個標準差
（時速5公里），所以有50%的車輛速度高於平均時速。另外，
介於平均數和−1 SD之間的34%車輛也已經違規。50% + 34 %
= 84%，所以1000輛車中的84%、也就是840輛違規了。

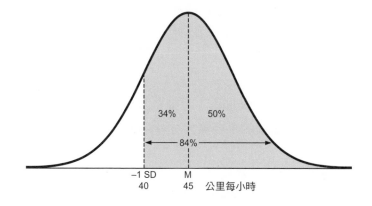

　　（如果這1000輛車是從通過檢查點的車輛中**隨機**抽樣而
來，我們就可以對這個母體的超速狀況提出類似的估計，這點
會在下一章進一步說明。）

　　所以在理論常態分布中，我們已經知道位於平均數兩邊各
1個標準差的範圍大約佔所有觀察值的 $\frac{2}{3}$。如果我們把範圍再

向兩邊各擴大1個標準差會怎麼樣呢？從下圖可看出，有95%
的觀察值位於平均數兩邊大約2個（實際上是1.96個）標準差
的範圍內。

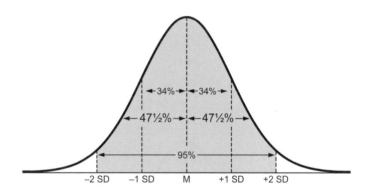

　　圖中的灰色部分佔曲線下方區域的95%。它的左邊界止於
變數值為−2 SD位置的垂直線，右邊界則是+2 SD的位置。

參考上方的圖，試著回答以下三個問題：

i. 大約有多少百分比的觀察值**大於**平均數1個標準差但**小
於**2個標準差？

ii. 大約有多少百分比的觀察值**大於**平均數2個標準差？

iii. 決定−3 SD和+3 SD在圖中的位置，你估計有多少百
分比的觀察值位於平均數兩邊3個標準差之內？

（ⅰ）大約有13.5%的觀察值**大於**平均數1個標準差但**小於**2個標準差，也就是47.5 – 34%。

（ⅱ）只有5%的觀察值**大於**平均數2個標準差（兩邊各2.5%）。

（ⅲ）差不多100%的觀察值（其實是99.7%）位於平均數兩邊的3個標準差之內。

所以我們已經知道，理論常態分布只有不到1%的值位於平均數 ± 3 SD之外，因此在這類分布中，標準差大約相當於整個範圍的 $\frac{1}{6}$。不過別忘了，這個理論（或說「理想」）分布假設母體為無限大，我們不大可能在實際樣本中看到完全相同的比例，尤其是較小的樣本。但樣本較大時，比較樣本和理論常態曲線的比例，可以提供極有價值的基準，用來提出預測、判斷和決策。

事實上，有表格可以供我們進行這類比較，這類表格列出在理論常態曲線下，有多少比例的觀察值位於某個已知值之內，因此我們可以比較這些比例和樣本中的比例。

我們只需要把每分鐘69次心率或時速51公里（或任何數字）轉換成大於或小於平均數多少個標準差（甚至可以用–1.85 SD或+2.33 SD這類「零碎」的數字），接著就可以用表格查出這個值兩邊的觀察值各佔多少比例。的確，這些表格可以讓我們得知在常態曲線下，基線上**任意**兩點之間的區域在總面積中所佔的比例。

　　我們可以在網路上（只要搜尋「常態曲線表」〔normal curve tables〕就可以）或許多統計學教科書後面找到這些表格。我在本章最後列出一張表格，讓想進一步了解的讀者參考。不過以本書的目的而言，下圖的近似比例就已經足夠了。

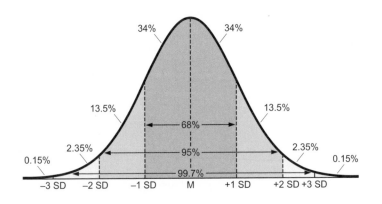

　　你應該還記得，常態曲線可能高高瘦瘦，也可能矮矮胖胖，但比例一定相同。

　　你或許會有興趣看看，常態曲線表中列出的「理想」比例是否符合我們這個不怎麼「常態」的心率分布。在我們的心率分布中，平均數是每分鐘79.1次，標準差則是每分鐘7.6次，所以：

M − 3 SD = 79.1 − (3 × 7.6) = 56.3（每分鐘次數）

M − 2 SD = 79.1 − (2 × 7.6) = 63.9（每分鐘次數）

M − 1 SD = 79.1 − 7.6 = 71.5（每分鐘次數）

M = 79.1（每分鐘次數）

M + 1 SD = 79.1 + 7.6 = 86.7（每分鐘次數）

M + 2 SD = 79.1 + (× 7.6) = 94.3（每分鐘次數）

M + 3 SD = 79.1 + (3 × 7.6) = 101.9（每分鐘次數）

（在第102頁將會說明以上這7個值如何劃分我們的心率分布。）

當然了，我們在前面算出的7個值其實都不在這個表中，但我們可以把它們加進記錄值的分布中，看看它們如何劃分觀察值。

56.3　62　**63.9**　64　65　66　68　70　71　71

71.5　72　72　73　74　74　75　75　76　77

77　77　78　78　78　79　79　79　**79.1**　80

80　80　80　81　81　81　81　82　82　82

83　83　85　85　86　**86.7**　87　87　88　89

90　90　92　94　**94.3**　96　**101.9**

這裡共有50個觀察值（100的一半），所以很容易算出位於每組SD點之間的面積比例。我們只要數出值的個數，再把數字加倍，就能得出比例。舉例來說，−1 SD（71.5）和−2 SD

（63.9）之間有7個觀察值，因此是14%。我把它標註在以下分布的曲線上方：

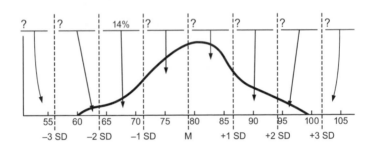

> 請在分布中填入其餘七個區域的觀察結果百分比，這些數字和前一張說明常態曲線下方面積比例的圖有什麼不同？

我們的圖表上各區域的佔比（從左邊的－3 SD到右邊的＋3 SD）應該是這樣：

0%　2%　14%　34%　32%　16%　2%　0%

常態曲線圖指出預測比例應該是這樣：

0.15%　2.35%　13.5%　34%　34%　13.5%　2.35%　0.15%

　　所以我們的「真實世界」分布中的比例相當接近理論常態曲線預測的比例，但我們的樣本中沒有距離平均數超過三個標準差的觀察值，只有在大規模藥物臨床試驗這類包含數百人的樣本中，才會出現這種狀況。

比較值

　　所以，我們知道一組鐘形分布的平均數和標準差，就可知道許多**內部**比例。我們可以運用這些比例，比較**不同**分布的兩個或多個觀察值。舉例來說，假設我們知道比爾在經濟學考試中得了90分，琳達在法律考試中得到80分，此外我們也知道，大多數狀況下，每個科目的全班分數大致上呈常態分布，請問，這兩位學生和同班同學相比之下，哪位的分數比較好？

　　許多人馬上就會斷定比爾的分數比較好，因為他的分數比琳達高。但可以想見的是，比爾的90分有可能是經濟學考試的最低分，而琳達的80分則可能是法律考試的最高分。接著我們必須知道這兩個分數和其他同學比起來如何——經濟學考試的平均分數是60分，法律考試則是65分，所以兩個分數都高於平均，比爾高出30分，琳達高出15分，這代表比爾的分數比較好嗎？不一定，我們必須知道超過平均分數的幅度跟比爾和琳達一樣多的同學有幾位。

　　假設我現在告訴你，經濟學考試的標準差是15分，而法

律考試是 5 分，你是否能依據這項資訊（以及自己對於常態曲線比例的了解）來判定：經濟學考試中，有多少比例的學生分數超過比爾的 90 分？而在法律考試中又有多少比例的學生超過琳達的 80 分？（請參考第 100 頁的圖喚起記憶。）

因此和其他同學相比，誰的分數比較好？（畫個圖來看或許會有幫助。）

　　在經濟學考試中，平均分數是 60 分，標準差是 15 分，所以比爾的 90 分是高於平均分數 **2 個**標準差（2 × 15 分），分數高於比爾的同班同學只有 2.5%。而在法律考試中，平均分數是 65 分，標準差是 5 分，琳達的 80 分高於平均分數 **3 個**標準差（3 × 5 分），所以分數高於琳達的同班同學只有 0.15%。因此顯而易見地，我們可以從右圖得知，和同班同學相比，琳達的分數比較好。

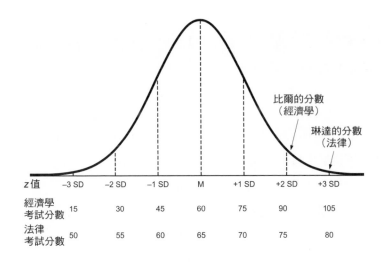

z值	−3 SD	−2 SD	−1 SD	M	+1 SD	+2 SD	+3 SD
經濟學 考試分數	15	30	45	60	75	90	105
法律 考試分數	50	55	60	65	70	75	80

　　前頁的圖中標示出以標準差為單位（通常稱為 **z 值**〔*z*-values〕）和以經濟學和法律考試分數為單位的分布基線。

　　事實上，我們已經把兩組分布的觀察值轉換成 z 值。也就是說，我們把呈現方式改成高於或低於平均數多少個 SD。

　　分布中的任何值都能轉換成 z 值，方法是觀察值減去此分布的平均數，把兩者之差除以標準差，如此我們就能比較兩個以上不同分布的觀察值。

　　因此，我們馬上就可以知道，經濟學考試中的 30 分相當於法律考試中的 55 分，因為兩者都是低於平均數 2 個標準差。

依據相同的原理，經濟學考試的60分和法律考試的60分哪個比較好？

經濟學考試的60分等於平均數，但在法律考試中，60分低於平均數1個標準差，所以經濟學考試的60分比較好。

你已經知道，把值轉換成 z 值可用來比較兩組不同的分布，甚至還可以讓我們比較不同變數的**值**。舉例來說，我們想知道某位學生的血壓（相對於其他學生而言）是不是和心率一樣高，我們可能會問：「如果以標準差為單位，一個人的血壓超過平均血壓的幅度，是否和這個人的心率超過平均心率的幅度相同？」

所以，如果我們知道一組鐘形分布的平均數和標準差，就可以做很多事了。我們可以估計有多少比例的觀察結果大於、小於或介於不同的變數值。此外，只要先把兩組不同分布（甚至兩個不同變數）的值轉換成 z 值，也能加以比較。

不只如此，無論分布是否為鐘形，我們都可以把它當成樣本，對規模較大的母體提出預測。下一章要討論的就是我們可以對預測抱持多少信心。

常態曲線的幾個重要比例

以下是從常態曲線比例表格**摘錄**的幾個數字，也就是說，這些數字解答了一個問題——平均數和兩邊的任一點之間，如果以標準差為長度單位，曲線下的面積是多少？

下面的表格告訴我們平均數和（例如）1.25 SD或1.5 SD之間的比例，但**完整**的表格會列出平均數和1.26 SD、1.265SD等位置之間的比例，不過我列出的數字已經足以看出大致型態。

舉個顯而易見的例子：在距離平均數 0 SD的位置（也就是平均數本身），以外的面積比例是 .5000（50%）。

但我們已經知道，在平均數和（±）1.00 SD之間，面積比例是 .3413（34.13%）。在 A 欄可以看到這個數字，而在 B 欄可以看到位於 1.00 SD以外的面積比例則是 .1587（15.87%）。

我把1.96和2.00 SD以及2.50和2.58 SD這兩組數字用括弧框起來，理由是我在這本書中用2 SD和2$\frac{1}{2}$ SD當成涵括95%和99%面積的簡易說法（實際上應該分別是1.96和2.58 SD）。

要知道曲線在平均數**兩邊**涵括的面積比例，我們必須把這個數字**加倍**。因此位於平均數兩邊 1 SD的面積比例是2 × 0.3413 = 0.6826，而這個範圍之外的面積比例是2 × 0.1587 = 0.3174。

完整表格還可讓我們**反過來**使用。假設因為某些原因，我們想知道距離平均數多遠的地方（以SD為單位）可以涵括49.7%的面積，我們就可以**查表格**（從下表畫底線的數字可以得知），找出距離是2.75 SD。完整表格當然可以查找**任何**比例，例如20%、25%、75%等等。

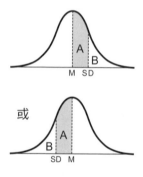

SD	A 平均數與 SD之間 的面積	B SD以外 的面積
0.00	.0000	.5000
0.25	.0987	.4013
0.50	.1915	.3085
0.75	.2734	.2266
1.00	.3413	.1587
1.25	.3944	.1056
1.50	.4332	.0668
1.75	.4599	.0401
1.96	.4750	.0233
2.00	.4772	.0228
2.25	.4878	.0122
2.50	.4938	.0062
2.58	.4951	.0049
2.75	.4970	.0030
3.00	.4987	.0013
3.25	.4994	.0006
3.50	.4998	.0002
4.00	.49997	.00003

第5章

從樣本到母體

　　我們在第四章已經了解，只要知道樣本的平均數和標準差，通常就能對它的整體形狀有清楚的概念。舉例來說，我們可以很有把握地推測有多少觀察值介於這個值和那個值之間，或是有多少觀察值位於某個值之外。如果我們要閱讀其他人的研究報告，但無法取得產生這兩個重要量數（平均數和標準差）的原始數字時，這個方法相當有用。

　　然而，我們感興趣的通常不是樣本的形狀，至少不是形狀本身。我們關注的通常是可以用這組樣本**類推**到多大的範圍，我們在樣本中看到的狀況，在範圍較大的母體中是否也存在？

　　舉例來說，假設50名學生的平均心率是每分鐘79.1次，如果我們檢查大學中的所有學生，平均心率是否同樣會是每分鐘79.1次？簡短說來，答案是「否」，但（假設樣本是隨機選擇）這兩個平均數應該會很接近（離散度也是如此）。至於有

多接近，就是我們接下來必須討論和思考的問題。

估計值和推論

我們用來描述樣本的數字可以視為**實際**描述母體的數字的**估計值**（estimates）。在統計理論中，樣本和母體之間的區別相當基本，從樣本取得的數字稱為**統計量**（statistics，例如平均數、眾數、全距、標準差、四分位距等），母體的**真實**平均數、眾數等數字則稱為**參數**（parameters，我們無法確知這些數字）。

（政治人物、記者和電視名嘴也很愛講「參數」，但他們講參數時的意思通常是指某些「層面」或「限制」，像是「我們還沒有正視這個狀況的參數」，而這跟統計學無關。）

此外，每個統計量通常以羅馬字母和公式代表（例如樣本平均數 = x̄），而參數則以希臘字母代表（例如母體平均數 = μ）。因為這本書不使用公式，所以我不會要求讀者學習必要的希臘文，在必要的時候，我會直接把「樣本平均數」縮寫成「S-平均數」，「母體平均數」縮寫成「P-平均數」等。（另外，為了協助記憶，請注意「樣本」和「統計量」的開頭都是 s，所以會一起出現。同樣地，「母體」和「參數」的開頭都是 p，所以也會一起出現。）

所以，統計量的用途是**估計**參數，知道 S-平均數，就能

估計 P-平均數；S-全距可以當成 P-全距的參考；S-標準差可以提供關於 P-標準差的概念，以此類推。這個過程稱為**統計推論**（statistical inference），我們來看看該怎麼做。

人類的天性是這樣的，我們不需要很多資訊，就能用來推論。假設你從書中抬起頭來，發現某個東西正盯著自己，這東西應該是個侏儒、妖精或精靈，他穿著相當奇怪的衣服，身高大約 10 公分。這是你第一次看到這類東西，以前也沒聽說別人看過。

你偷偷看了看四周，確定沒有其他東西躲在附近，所以樣本只有一個，而不是很多個。

> 那麼，在樣本只有一組的情況下，最可能的母體平均身高是多少？你還需要什麼資訊，才可以對自己的估計值更有把握？

最保險的推測是 P-平均數為 10 公分。

不過，由於只有一組樣本，我們不知道侏儒的身高差異可能有多大。也就是說，我們無法確定前來造訪的侏儒是否特別矮或特別高，必須多看幾個才能知道。

同樣地，我們可以假定侏儒的身高分布符合常態曲線，所以我們就能知道母體的分布曲線可能是什麼樣子。

舉例來說，以下五條曲線中，哪一條**最不適合**用來描述母體，又有哪一條**最適合**？為什麼？

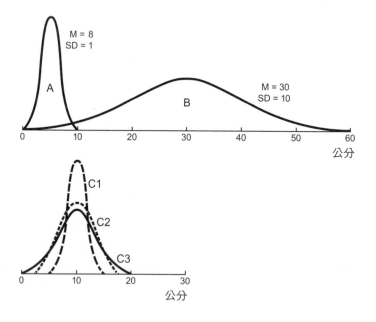

　　A曲線和B曲線**最不適合**用來描述侏儒母體。A曲線指出看著你的侏儒身高大於平均數3 SD，就我們所知，這代表那個侏儒是最高的0.15%。同樣地，B曲線也指出那位侏儒的身高小於平均數超過2 SD，是最矮的2.5%，因此B的適合程度比A略高一點，但跟C1、C2和C3比起來還是相當不適合。這三條曲線指出分布的平均數是10公分，但我們完全不知道侏

儒的變異性，所以C1代表離散度很小、C2為中等、C3離散度較大。

　　顯而易見地，如下圖所示，任何一條C曲線（假設是C2）都可以沿基線左右移動，同時維持一定的可能性。但它移動得愈多，10公分就距離中央愈來愈遠，可能性也愈來愈低（依據我們目前看過的一個樣本而言）。

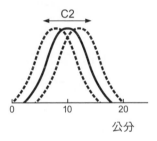

　　但假設這個侏儒突然出現四個好朋友，身高分別是9.2、9.6、10.3和10.5公分，現在我們可以用包含五個侏儒的樣本重新估計母體平均數。此外，我們也能依據樣本的變異性或**離散度**來估計母體的這些統計量。事實上，樣本的標準差只有大約0.5公分，代表母體中的侏儒很少矮於8.5公分或高於11.5公分（也就是平均數 ± 3 SD）.

　　有了這個新資料之後，C1、C2和C3這三條曲線中，哪一條**最**可能是母體曲線的估計值？

現在看來，C1的形狀似乎最可能是母體曲線的形狀和參數。假設身高位於8.5至11.5公分這個範圍之外的侏儒極少，我們應該會覺得C2和C3拉得太寬。

你可能想問，推測侏儒的身高究竟要做什麼？這個例子只是用來說明我們可以運用非常少的資訊，在全新的狀況下進行推論，但取得的資訊愈來愈多時，我們必須隨之調整這些推論。資訊很少的時候，可能的推論相當多（但其中有些可能性比較高）。隨著資訊愈來愈多，排除的可能推論也會愈來愈多，符合樣本觀察事實的可能推論則愈來愈少。

不過我們可能永遠無法得出關於母體的某些事實，除非我們有辦法測量整個母體——但這其實就不是推論了，我們最多只能說「真實的」P-平均數或P-標準差等等，有多少機率位於某些**可能值**的範圍內。

推論無可避免會有誤差，任何公式和統計方法運算都無法消除**誤差**，它們只能指出有誤差的可能性是多少。

抽樣的邏輯

我不打算告訴你這些公式和運算，但重要的是你必須了解這些東西背後的邏輯。

所以我們再回頭看看大學生的心率。假設我們想估計這所大學所有學生的平均心率，我們隨機找了包含10名學生的樣

本，發現S-平均數略多於每分鐘78.6次。

現在假設我們要**再找**四組隨機樣本，每組樣本包含10名學生。你認為每組樣本平均數都會是每分鐘78.6次嗎？

如果你認為每次的平均數都會相同，那麼很可能要失望了。再找四組包含10名學生的樣本，應該會得出四個**不同**的S-平均數。

舉例來說，如果我們以第53頁的表格中的每一列作為包含10人的隨機樣本，將可得出以下的S-平均數：78.6、79.6、78.0、79.9、79.4。

顯而易見地，離散度或變異性不單是樣本中觀察**值**的特質。樣本的**平均數**也是變數，所以它們的其他統計量（中位數、標準差、全距等）也是變數，不同樣本間的變異性稱為**抽樣變異**（sampling variation）。

現在（我們已經知道）如果把這五組樣本結合起來，包含50名學生的樣本的平均數是每分鐘79.1次（五個平均數的平均數）。

不過另一組包含50名學生的隨機樣本的平均數將會不同，可能是79.4或78.9等等。如果我們取得的樣本較大（例如一次100名學生），平均值的變異程度就會比較低，然而離散

度（源自抽樣變異）永遠不會完全消失。那麼我們應該如何克服它？

樣本平均數分布

我們要做的是這件事：假設我們由相同的母體隨機取出大量樣本，這些樣本每一組都有自己的樣本平均數。

現在來看看這些樣本平均數本身，我們從最小到最大比較這些樣本平均數，以及每個大小的個數。換句話說，我們要畫出樣本平均數本身的**次數分布**（還跟得上嗎？這裡我們要看的是「樣本平均數的大小」），因此我們可以得出**S-平均數的分布**（distribution of s-means）。

S-平均數的分布**本身**也有個平均數，也就是S-平均數的平均數。如果我們取出大量樣本，它們的S-平均數分布曲線的中央將位於**母體平均數**附近。也就是說，S-平均數的平均數將等於P-平均數。

> 你認為S-平均數的分布曲線可能是什麼**形狀**？

你應該猜到了，樣本平均數的分布很接近常態分布。

為什麼是常態分布？在母體中，值比母體平均數大愈多或

小愈多，數量就會愈來愈少。所以從這個母體取得樣本時，取得與P-平均數大小相仿的觀察值的機率也大於取得大小差很多的觀察值。

所以，觀察值大多接近P-平均數的樣本，會多於有很多觀察值與P-平均數差很多的樣本。因此，S-平均數和P-平均數相仿的樣本也會比S-平均數和P-平均數差很多的樣本更常出現。

從下圖可以看出，如果畫出S-平均數的分布，會發現它以P-平均數為中心，向兩端逐漸減少：

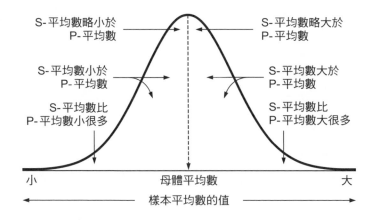

這應該是常態分布最漂亮和最有用的特徵：無論母體（因此也包含樣本）**是否**為常態分布，我們由樣本算出的平均數**都會**大致呈常態分布。

樣本愈大（愈接近鐘形），S-平均數分布愈接近常態。

然而在真實世界中，我們從來沒看過樣本平均數分布，並以它來估計母體平均數。據我們所知，我們通常只能依據**一組**樣本來估計P-平均數，如果我們用這單一的樣本平均數當成P-平均數的估計值，就一定會有誤差。

> 不過……我們更可能得到什麼結果？
> A. **大誤差**
> B. **小誤差**
> （請看前頁的圖表。）

我們更可能得到**小誤差**。以單一樣本的S-平均數估計P-平均數時，可能出現的錯誤愈大（也就是S-平均值和P-平均值之間的差別愈大），就**愈不可能**估計得出來。

從前頁的圖表可以看出，S-平均數和P-平均數之間較大的差出現在分布的**尾端**。換句話說，平均數比母體平均數愈大或愈小，可能的樣本就來愈少。

現在來看不同大小樣本平均數的離散量，S-平均數分布有自己的平均數（與P-平均數相等），因此也有**自己的**標準差。

多組樣本平均數的標準差和母體本身的標準差比起來如何？你認為它會：

A. 較大

B. 較小

C. 大致相同

（或許畫幾條分布曲線有助於做決定。）

樣本平均數分布的標準差會**小於**母體的標準差。也就是說，多組樣本平均數之間的差異沒有母體中原始值之間的差異那麼大。所以一般說來，樣本平均數分布的離散程度沒有個別樣本那麼大。

我們可以在下圖畫出這些關係。圖中有三條曲線，分別代表（1）母體的分布、（2）單一（但相當大）的樣本的分布和（3）大量樣本的平均數的分布。

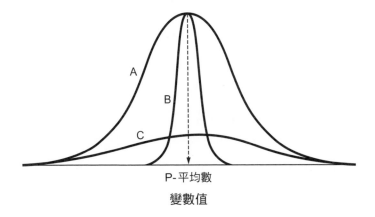

這三條曲線分別對應哪一項？

　　（A）是母體的分布；（C）是單一樣本的分布，因為它的平均數比母體平均數稍微偏右，但全距大致相同；（B）則是大量樣本的平均數的分布，原因在於樣本平均數分布的平均數和母體平均數相同，但離散度明顯小於樣本或母體的離散度。

　　所以，即使我們只取得一組樣本，因而只有一個樣本平均數，也可以認為它屬於可能樣本平均數的分布。因為我們考慮的是**合理**大小的樣本，所以這個分布應該是常態。

　　我們想像取自樣本的某個統計量（例如平均數或標準差）的分布時，稱它為**統計量的抽樣分布**（sampling distribution of a statistic）。我們已經知道，統計量的抽樣分布有自己的平均數和標準差，以S-平均數的抽樣分布而言，它的平均數會和母體的抽樣分布平均數相同，但標準差會小於母體的抽樣分布標準差。

　　（例如樣本平均數的）抽樣分布的標準差稱為**標準誤差**（standard error，SE，這麼寫是為了區分它和樣本或母體的標準差）。標準誤差的概念可以協助我們估計某個樣本平均數相當大於或小於母體平均數的機率。

　　舉例來說，由於樣本平均數的分布呈現常態，所以我們可以說有68%的樣本平均數位於平均數和兩邊「**1個樣本平均數**

的標準差」（1個標準誤差）之間：

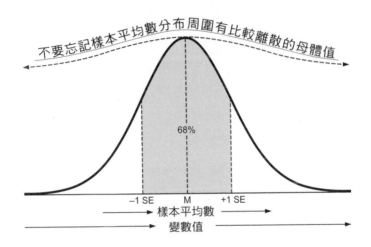

不要忘記樣本平均數分布周圍有比較離散的母體值

68%

−1 SE　　M　　+1 SE

樣本平均數

變數值

> 假設我們知道平均心率抽樣分布的平均數是每分鐘78
> 次，標準誤差是每分鐘1.4次。請問有多少比例的樣本的
> 平均數**大於**每分鐘79.4次？

　　有16%的樣本的平均數大於每分鐘79.4次。也就是說，
79.4大於平均數（78）1個標準誤差（S-平均數的SD）。有
50%的樣本的平均數小於78，34%的平均數介於78和79.4之
間。因此，平均數大於79.4的樣本是其餘的100 − (50 + 34)% =
16%。為了驗證，請看後頁圖中位於曲線下方的灰色區域：

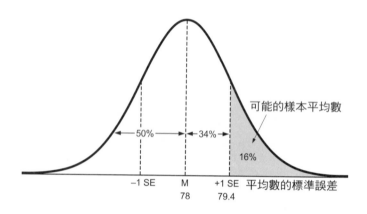

你或許會說，這些都很好，但當一組平均數抽樣分布由大量樣本的樣本平均數構成，我們要怎麼知道它的平均數和標準差？我們通常只有**一組**樣本，我們知道這組樣本中觀察值的平均數和標準差，如果只有一組樣本平均數可用，我們要怎麼得出所有可能樣本平均數的標準誤差？方法是這樣的：

事實上，平均數的標準誤差大小受**三個**因素影響，分別是（1）樣本內的標準差、（2）樣本的大小，以及（3）樣本在母體中的比例。

我們來逐項討論這些因素。（1）當平均數的標準誤差較大時，你認為這些樣本的標準差是**小**還是**大**？

（1）樣本內的值變異愈大，樣本的平均數的變化也可能愈大，所以較大的樣本SD將使得出自這類的樣本平均數SE變得較大。（實際上，SE取決於母體的變異性，但由於樣本包含30多個觀察結果，將樣本SD當成母體SE的估計值已經足夠準確了。）

現在來討論第二個因素，SE（樣本平均數變異性）的大小與樣本的大小有何關係？

（2）平均值的標準誤差較大時，你認為樣本是**小**還是**大**？

（2）樣本愈大，平均數大小（一般而言）愈接近P-平均數，因此標準誤差愈小。下圖說明樣本**由小變大**時，樣本平均數抽樣分布的離散度如何隨之縮小：

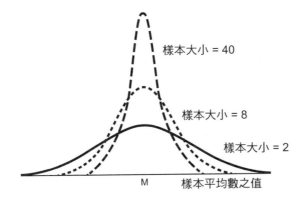

同樣地，我想提醒各位，這樣的抽樣分布都是假設取得大小適中且大量（其實是**無限多個**）的樣本所產生的想像結果。

現在來討論第三個影響SE大小的因素。

> （3）你認為樣本在母體中所佔的**比例**增加時，對標準誤差的大小有什麼影響？

（3）樣本佔的比例愈大，平均數的變異性（SE）愈小。**不過**，這個因素相當**不重要**，它確實能影響標準誤差的大小，但影響非常微小。

真正決定結果準確性的因素，是樣本本身的大小，也就是可用資訊的**量**，而不是所有可能資訊的百分比。

如果抽樣率（樣本在母體中所佔的比例）超過10%，準確性會提高**一些**（也就是標準誤差會縮小），但幅度不大。這就是為什麼實際樣本的比例通常遠小於10%，尤其在母體為無限大（例如**所有**小白鼠）或抽樣花費極大（例如破壞汽車的測試）的時候。

所以就實際目的而言，我們可以說平均數的標準誤差取決於樣本和標準差的大小。

標準誤差小於樣本SD，至於小**多少**則取決於樣本大小，樣本愈大、標準誤差小於標準差的比例也愈大。

　　事實上，平均數標準誤差的計算方式是樣本SD除以樣本中觀察值數量的**平方根**。因此如果一組樣本包含100個考試分數，且標準差是15分，則所有同類樣本平均數的標準誤差是：

$$\frac{15}{\sqrt{100}} = \frac{15}{10} = 1.5分 = SE$$

　　要把標準誤差縮小一半，必須把樣本**加大到四倍**（從100增加到400）：

$$\frac{15}{\sqrt{400}} = \frac{15}{20} = 0.75分 = SE$$

　　標準誤差愈小，我們對樣本平均數相當接近母體平均數愈有信心，但樣本大小增加很多，準確性的提升幅度卻不多。

　　母體大小對準確度（標準誤差）影響很小這點似乎違反常識，但確實如此。如果樣本大到足以包含足夠的資訊，就不用擔心它和母體相比之下有多小，但要如何決定**是否足夠**大，則是這一章結尾要討論的主題。

估計母體平均數

　　所以，平均數的標準誤差實際上取決於樣本的大小和標準差。（當然嚴格來說，SE應該取決於母體的標準差，而不是樣

本的標準差，但樣本如果有30個以上的成員，就可以放心把樣本SD當成母體SD的估計值。）

　　舉例來說，現在我們可以說，全距：

$$\text{P-平均數} \pm 1 \frac{\text{樣本} - SD}{\sqrt{\text{樣本大小}}}，也就是 \text{P-平均數} \pm 1\,SE$$

涵括所有樣本平均數的68%左右，但這有什麼用？現在我們只有**一個**樣本平均數，我們應該如何用它來推論母體平均數的大小？

　　以下是推論方法，請看次頁的圖，圖中說明樣本平均數的分布，並且標示出P-平均數兩邊距離1 SE的位置（所有樣本平均數有68%位於這個範圍內）。

　　思考一下位於P-平均數 ± 1 SE範圍內的所有S-平均數（我已經標出兩個「樣品」M_1和M_2），對其中的每個S-平均數而言，S-平均數 ± 1 SE的範圍包含母體平均數。也就是說，母體平均數將位於任何一個樣本平均數某一邊1 SE的距離內。（我已經在圖中M_1和M_2的兩邊畫上虛線箭頭，長度同樣是1 SE。你應該會注意到，在這兩種狀況下，都會有一條線通過分布的中點，也就是母體平均數。）

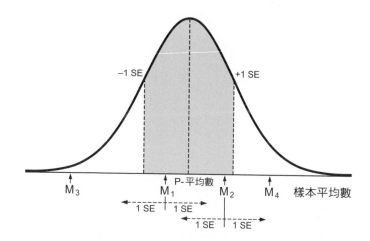

那麼M_3和M_4等其他樣本平均數呢？以這兩個點而言，S-平均數 ± 1 SE的範圍是否涵括母體平均數？（如果要再確認一次，可以想像M_3和M_4兩邊1 SE的地方各有一條垂直線。）

　　在上圖中可以看出，M_3和M_4距離母體平均數**超過**1 SE，所以這兩組樣本平均數兩邊1 SE的範圍**不涵括**P-平均數。

　　只要一個S-平均數距離P-平均數不超過1 SE，S-平均數 ± 1 SE的範圍就會涵括P-平均數。現在我們知道，所有樣本平均數（包括M_1和M_2）中，大約有68%距離P-平均數不到1 SE。因此，無論我們選擇任何樣本的平均數，S-平均數 ± 1 SE的範圍都有68%的機率涵括母體平均數，當然也有

32%的機率不涵括。

　　接著來看看我們隨機選擇的 100 名學生的考試分數樣本：平均分數是 50，標準差是 15，所以平均數的標準誤差是：

$$\frac{15}{\sqrt{100}} = \frac{15}{10} = 1.5 分$$

　　這如何協助我們估計參加考試的**所有**學生的平均分數？P-平均數距離 S-平均數少於 1 SE 的機率為 68%，因此可以說，我們有 68% 的信心指出整個學生母體的平均分數位於 S-平均數 ± 1 SE = 50 ± 1.5 分的範圍內，也就是 48.5 分和 51.5 分之間。這個範圍（或區間）稱為 68% **信賴區間**（confidence interval）。

> 真實平均數位於這個分數範圍**外**的機率是多少？

　　母體的真實平均數位於範圍外的機率是 32%，因為 48.5 分到 51.5 分是 68% 信賴區間，因此我們同樣有把握說，所有樣本平均數有 32% **不在**這個範圍內。

　　所以我們的樣本平均數確實讓我們推論出母體平均數為 50 ± 1.5 分，但正確的機率只有 68%。如果我們希望估計值更有把握，就必須**擴大**信賴區間。

　　舉例來說，我們可以更有把握地說，母體平均數位於50± 3 分之間。為了提高我們對估計值的信心，必須把範圍（信賴區間）擴大到樣本平均數兩邊的2 SE。

　　如果我們想擁有接近100%的信心（其實是99.7%），母體平均數會位於樣本平均數的加減**幾個**SE之間？（如果需要提示，可以回頭看第100頁的圖。）

　　S-平均數 ± 3 SD的範圍應該可以大致包含所有樣本平均數（其實是99.7%），所以這是99.7%信賴區間。

　　所以，如果包含100名學生的樣本的平均數是50，標準誤差（別忘了不是SD）是1.5分，則我們可以99.7%確定真實母體平均數位於：

$$50 \pm (3 \times 1.5) = 50 \pm 4.5 = 45.5 到 54.5 分$$

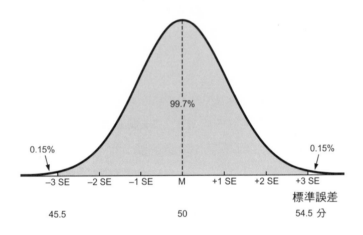

但是，50**有可能是**這個範圍之外的0.3%樣本平均數。這樣的機率很小，但亞里斯多德曾經說過，就算是不可能的事，有時也會發生。以這點而言，每1,000組樣本可能會發生三次這種狀況。

所以我們可以很有信心地提出概略的估計值，或是信心稍低地提出比較精確的估計值。實際上，最常用的兩個信賴區間分別是95%和99%。

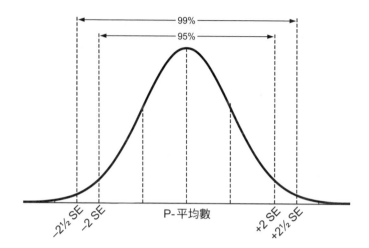

從上面的圖看來：

i. 95% 信賴區間是 S- 平均數加減**幾個** SE？

ii. 99% 信賴區間是 S- 平均數加減**幾個** SE？

（ⅰ）95% 信賴區間是 S- 平均數 ± 2 SE。（ⅱ）99% 信賴區間是 S- 平均數 ± $2\frac{1}{2}$ SE。（更精確地說，應該是 1.96 SE 和 2.58 SE，但概略數字對本書而言已經足夠。）

我們再回頭看用 50 名學生的心率樣本來說明這些信賴區間。這組樣本的平均數是每分鐘 79.1 次，標準差則是每分鐘 7.6 次。

所以，這組樣本的母體（接近 1,000 名學生的心率）真實

平均數是多少？我們首先計算這類樣本的平均數標準誤差：

$$SE = \frac{7.6}{\sqrt{50}} = \frac{7.6}{\sqrt{7.07}} = 1.1 \text{ 每分鐘次數}$$

因此我們可以95%確定，真實平均數所在的信賴區間是 S-平均數 ± 2 SE。在這個例子中，SE是每分鐘1.1次，所以 2 SE = 每分鐘2.2次，95%信賴區間是：

$$79.1 \pm 2.2 = 76.9 \text{到} 81.3 \text{ 每分鐘次數}$$

換句話說，母體真實平均數小於每分鐘76.9次或大於每分鐘81.3次的機率只有 $\frac{1}{20}$（5%）。

如果我們覺得95%的信心還不夠，想在提出包含真實母體平均數的範圍時更有信心一點，可以使用99%信賴區間：

$$79.1 \pm (2\frac{1}{2} \times 1.1) = 76.35 \text{到} 81.85 \text{ 每分鐘次數}$$

如此一來，真實平均數位於這個範圍之外的機率只有1%。但是別忘了，如果取了100組這樣的樣本，機率也會提醒我們注意，其中可能有一組樣本的平均數**真的**位於這個範圍之外。

估計其他參數

母體的其他參數也可以藉由樣本的統計量，使用相同方式估計得出。當要探討的特質是類別變數時，**比例**（proportion）可能是我們想要知道的參數之一。

舉例來說，我們可能會想知道，去年從某所大學畢業的學生，有多少比例從事我們認為是研究所等級的工作。整個母體的比例可由樣本估計，但有某程度的可能誤差。

同樣地，這裡隱含的概念是在一大群樣本中，現在從事「研究所等級」工作的學生的比例隨樣本而不同，一個可能是87%、另一個是72%、第三個是76%等等。但這比例的分布大致上呈現常態，而且以**真實**比例為中心（去年的畢業生可能有78%從事「研究所等級的工作」），因此我們可以算出**比例的標準誤差**（standard error of the proportion）。

然而，單一樣本**沒有變異性**可供我們估計所有樣本的變異性，所以我們必須以另一種方式來確定標準誤差。標準誤差可由樣本算出，方法是把我們想知道的比例乘以其餘的比例，再除以樣本中的個體數，最後取平方根。

因此，如果包含100名畢業生的隨機樣本指出其中有80%（即0.8）從事研究所等級的工作，有20%（即0.2）不是：

$$SE \text{比例} = \sqrt{\frac{0.8 \times 0.2}{100}}$$

$$= \sqrt{\frac{0.16}{100}}$$

$$= \sqrt{0.0016}$$

$$= 0.04$$

　　所以，我們估計去年從某所大學畢業的5,000名學生中從事「研究所等級工作」的比例時，如果要對估計結果有99%信心，必須說依據我們的樣本，這個結果位於：

$0.8 \pm (2\frac{1}{2} \times 0.04) = 0.7$到$0.9$，也就是70%到90%之間

　　由此可以得知，即使是99%的信賴區間，比例範圍還是相當大。（樣本中的比例更接近50／50的話，比例範圍會更大。如果你喜歡算術，可以自己算算看。）

　　如果要99%確定，我們只能說在5,000名畢業生的母體中，現在從事研究所等級工作的人數介於3,500和4,500人之間。這個誤差範圍相當大，而且可能大到沒有實用價值。

可惜的是，我們只有一個方法能**縮小**信賴區間的寬度（但同樣99%確定）。你知道該怎麼做嗎？（如果需要提示，請回頭看第123頁。）

要縮小範圍，唯一的方法是取得更大的樣本。

但樣本必須大上**許多**，才會有實際效果。標準誤差只受樣本大小的平方根影響，樣本大小增加到**四倍**，也只能使信賴區間**減半**。因此，當樣本包含400人時（比例為80／20），5,000人的母體中從事研究所等級工作的人數將介於3,750和4,250人之間。

進行查詢前（無論是類別變數或數量變數），都有必要進行測試查詢（pilot inquiry），估計可能的標準誤差。如果是類別變數且比例相當接近，或者（數量變數）標準差看來很大時，就可能需要比原先設想更大的樣本。

因此，一位冶金學家看過幾個試樣的資料，可能就會開心地推論某種新合金的斷裂點，因為資料的變異性很小。然而，心理學家要概括人類的斷裂點（即人類對壓力的反應）時，就必須觀察過幾百人以上，因為人類行為的變異性遠比金屬塊大得多。

一般說來，如果我們想確定地估計某個母體內的平均數或比例，而且要有一定的精確性（例如 ± 5或 ± 5%）和一定程

度的信心（例如99%），我們可以先了解需要多大的樣本，才能把標準誤差減少到必要程度。當然了，我們是否有辦法取得這麼大的樣本又是另一回事了。如果提出不正確推論的傷害或危險非常大（例如測試可能有危害的藥物），我們或許會願意這麼做。

以下是我對這一章的總結：

無論樣本和我們由樣本取得的統計量是什麼，我們都不可能以它們來指出母體的平均數或比例（或其他變數）的精確值。樣本愈大、觀察值變異愈小（或類別之間的差異愈小），我們就能愈確定。但我們永遠不可能100%確定一個數字，連我們對平均數（或比例）的最佳估計也有一定程度的不確定性。它必須以機率表示，例如真實平均數（或比例等）有x%的可能性位於哪裡到哪裡的範圍內。這樣或許不甚令人滿意，但在真實世界中，我們最多只能如此。

第6章

比較樣本

　　在第五章中，我們探討了如何依據對單一樣本的了解來推論母體。現在我們可以討論統計推論中另一個十分重要的領域：觀察兩組（或以上的）不同樣本，探討它們是否代表母體確實有差異。這點是以下幾個問題背後的關鍵：

- 女生比男生聰明嗎？
- 使用新藥物治療是否能比傳統療法幫助更多患者？
- 四種西班牙文教學方法中，哪一種效果最好？
- 投資 X 的財務績效變異性比投資 Y 來得大還是小？

來自相同或不同的母體？

　　現在舉個例子，假設我們測量兩組隨機選擇的學生樣本，

分別是50名男性和50名女性，就男性和女性學生血壓的普遍**差異**而言，這兩組隨機樣本可以告訴我們什麼？

這兩組樣本是否相當類似，所以我們可以把兩者合併，說它們來自相同的母體？或兩者差異很大，所以代表它們來自兩個不同的母體？（舉例來說，要**估計**學生的血壓時，知道學生的性別是否有幫助？）假設兩組樣本的分布曲線看起來如下圖所示：

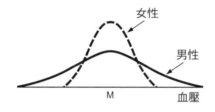

我們是否可以認為這兩組樣本來自相同的母體？也就是說，女性血壓母體的平均數和標準差是否和男性血壓母體相同？是或不是的原因是什麼？

以上這兩組樣本的平均數大致相同，但標準差相當不同。我們知道樣本的標準差可以視為其母體標準差的合理估計值（前提是樣本成員超過30個），因為兩個標準差相差很多，所以上面畫出的樣本似乎來自不同的母體。男性血壓母體的變異程度看來大於女性血壓母體的變異程度。

　　另一種狀況較難比較，就是樣本的標準差大致相同，但**平均數**不同。

　　請看下圖，圖中呈現三對不同的樣本分佈。在每一對分布中，兩組樣本的離散程度（也就是標準差）相同，但是平均數不同。

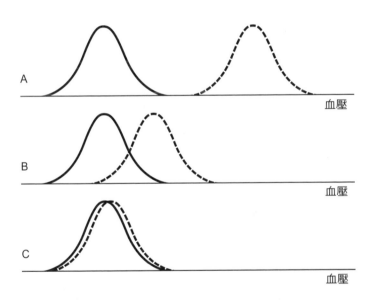

在上面Ａ、Ｂ、Ｃ三個例子中，你認為哪個例子

i. **最**可能

ii. **最不**可能

代表這兩組樣本來自**不同**的母體？

　　這三個例子中兩組樣本的平均數都不同，（A）的平均數相差很多，（B）相差少一些，（C）相差非常少，所以我認為（A）最可能來自不同的母體；同樣地，我認為（C）這一組最不可能來自平均數不同的母體，為什麼呢？我們來看看你是否同意我的推理：

　　我們已經知道機率對**抽樣變異**的影響，兩組隨機樣本即使取自同一母體，平均數也不會**完全**相同。但我們也知道，這兩組隨機樣本的平均數相當接近的機率會高於兩者相差很多。（你或許可以回想一下第117頁的樣本可能平均數分布圖。）因此，我們會認為（A）出自相同母體的機率小於（B），而跟（C）比起來當然就更小。

　　那麼，如果兩組樣本的離散程度差不多，我們又如何決定它們是否出自同一個母體？同樣用血壓這個例子來看：有50名男性和50名女性兩組隨機樣本，假設男性平均血壓是120 mm，且平均數的標準誤差（由所有50個血壓數字的標準差計算得出）是1.6 mm。

　　知道這些數字之後，我們有99%的信心認為母體平均數（以及由這個母體隨機取得的任何50人樣本）將位於明確的範圍內。取得50人樣本時，**平均數**位於這個範圍之外的機率只有1%。

請回想一下在第5章中討論過的：我們如何量化S-平均數 ± **數個**SE的範圍？

我們可以99%確定母體平均數位於S-平均數 ± $2\frac{1}{2}$ SE（更精確地說是2.58 SE）這個範圍內，也就是母體平均數位於 $120 \pm (2\frac{1}{2} \times 1.6)$ mm的範圍內。

如果你跟這本書的目標讀者一樣，不是很擅長數學，應該不會太介意我把分數和小數混在一起使用！所以就男性血壓而言，P-平均數介於116到124 mm之間。

同樣地，如果女性血壓樣本的平均數是110 mm，而且標準差相同（因此平均數的標準誤差也相同），就可得知取得類似樣本時，平均數位於106到114 mm（也就是S-平均數 ± $(2\frac{1}{2} \times 1.6)$）範圍之外的機率只有1%。

我們把這些數字畫成表格，整理一下目前學到的東西：

樣本	S-平均數	P-平均數估計值（99%信賴區間）
男性	120 mm	116到124 mm
女性	110 mm	106到114 mm

依據目前所知，可以得出以下哪個結論？

A. 沒有一位女性血壓高於男性。

B. 極少女性血壓高於男性。

C. 沒有一組女性隨機樣本的平均血壓高於近似的男性樣本。

D. 極少女性隨機樣本的平均血壓高於近似的男性樣本。

雖然有不少女性的血壓高於男性，但（D）50名女性樣本的平均血壓高於類似男性樣本的狀況極為少見。

這個例子的圖示是這樣的：

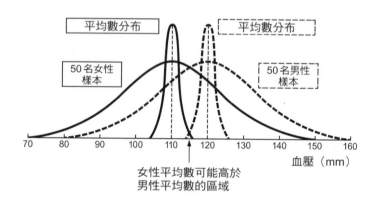

嚴格說來，平均數的抽樣分布如果和樣本曲線畫在同一幅圖表上，應該會是無限高。畢竟每條樣本曲線應該只代表50

個觀察值，而平均數的抽樣分布應該代表**無限大**的母體。

　　然而，抽樣分布曲線雖然在這幅圖表中不夠高，但這兩條曲線中較低的部分畫得很正確，這裡我們要研究的重點是**底部**的重疊部分。兩組樣本雖然有相當程度的重疊，但兩條**可能樣本平均數**分布的曲線幾乎沒有重疊。

　　我們可以算出取得兩組樣本（一個男性、一個女性）時，女性平均數大於或等於男性的機率。男性的平均數有1%的機率位於116到124的範圍之外，而女性的平均數有1%的機會位於106到114的範圍之外。但兩組50人樣本的平均數**都**落在範圍之外的機率只有$1\% \times 1\% = \dfrac{1}{10,000}$，所以這種狀況的出現機率非常低。

　　即使如此，仍然有可能女性平均數很低而男性平均數很高，或是兩者都很低，或是兩者都很高。只有在女性平均數很高而男性平均數很低的時候，女性平均數才可能高於男性。

　　因此我們必須取得$4 \times 10,000$組樣本，才能涵括這四種機率相同的可能事件。所以取得兩組50人樣本，且女性平均數大於男性平均數的機率小於$\dfrac{1}{40,000}$，機率小到可以忽略。

　　樣本統計量（平均數、標準差和標準誤差）在取得樣本的母體中有**顯著**的不同。我們可以確定，從統計上來看，女性血壓和男性血壓取自不同的母體，這個年齡的男性和女性血壓有確實且「系統化的」差異。

顯著性檢定

我們以這種方式比較樣本時，是在進行**顯著性檢定**（test of significance）。我們想知道樣本間的差異是否大到足以代表母體之間**確實**有差異（如果確實有，這個差異是否重要，則是後面會探討的問題）。

我們究竟該如何進行顯著性檢定？先前已經介紹過一種方法，是從樣本平均數分布之間重疊的可能性來看。不過，另一種比較常見的方法是從平均數之間的**差異分布**（distribution of differences）著手。這個概念一開始可能會比樣本平均數法更加挑戰你的想像力！但你很快就會發現它很合理。

假設我們現在有個母體（例如男性學生的血壓），從這個母體取得包含100人的樣本。如果我們一次取得兩組隨機樣本，分別是A和B，自然地，我們不會認為A樣本和B樣本的平均數一定相同。它們或許常常相同，但A平均數大多會比B平均數大一點，或者反之；偶爾A平均數會比B平均數**大很多**，或者反之。

我們如果由這個母體取得足夠多的樣本，兩兩相比**無限**多次，可以得出兩個**樣本平均數**之間**差異**的次數分布。換句話說，我們要探討的是：A平均數明顯大於B平均數的次數有多少？略大的次數有多少？兩者相等的次數有多少？B平均數略大於A平均數的次數有多少？明顯較大的次數有多少？等等。

　　也就是說，平均數間的**差異**也是一個**統計量**，但這個統計量描述的樣本不是一組，而是兩組。因此我們可以比照其他統計量，開始思考它的「抽樣分布」。

想想看，大小相同的不同樣本兩兩相比**無限**多次時，這個統計量的分布會是如何？

i. 你可以想像這個分布會是什麼形狀嗎？

ii. 你認為它的平均數會是多少？

　　（i）取自同一母體的兩組樣本的平均數差異大致呈現常態分布（即使母體本身不是常態分布也是如此）。

　　（ii）這個分布的平均數是 0。整體說來，A 平均數大於 B 平均數的次數和 B 平均數大於 A 平均數的次數大致相同，差異幅度也相同。小幅度差異的次數多於大幅度差異。

分布曲線如下圖所示：

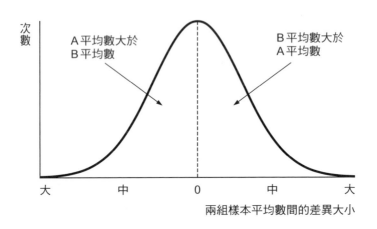

這條分布曲線需要花點時間習慣，它雖然看起來和其他常態曲線一樣，但有個截然不同的特徵：它的基線和先前看過的曲線**不同**。先前的曲線愈右邊的值愈大，但這條曲線**左邊一開始最大**，朝右逐漸縮小到0（中間），接著又逐漸**增大**，最右邊的極大值和最左邊相同。

你或許會覺得奇怪，我們為什麼不簡單一點，把左半邊放在右半邊上方，畫成偏斜的曲線，讓基線跟平常一樣從0到最大？後面我們會了解到，我們需要標出差異的**方向**，也就是指出哪個平均數大於另一個平均數，以及差異幅度。

分布的中央點（平均數）代表兩個樣本平均數相同的次數（應該有50%是A平均數大於B平均數，另外50%是B平均數

大於 A 平均數）。

　　假設我們從血壓母體中選出三對樣本，每對的平均數（單位為 mm）正好是如下的狀況：

　　i. 樣本 A 平均數 = 118；樣本 B 平均數 = 120
　　ii. 樣本 A 平均數 = 121；樣本 B 平均數 = 120
　　iii. 樣本 A 平均數 = 121；樣本 B 平均數 = 122

> 每一對中兩組樣本的平均數**差異**是多少？每個差異位於分布的**左邊**或**右邊**？這三個差異中，哪個距離分布中央（平均數）**最遠**？

　　在（i）中，B 樣本的平均數比 A 樣本**高 2 mm**，所以位於分布的右邊；在（ii）中，A 樣本的平均數比 B 樣本高 1 mm，所以差異位於分布的左邊；在（iii）中，B 樣本的平均數比 A 樣本高 1 mm，所以差異位於分布的**右邊**。樣本平均數的三個差異中最大的是（i），所以這一對樣本的差異距離分布平均數**最遠**。

　　其實這就是取自相同母體的隨機樣本**兩兩相比**許多次時，平均數差異的理論分布，它是平均數**差異的抽樣分布**（sampling distribution of the differences）。

平均數應該是0，離散度則取決於母體的離散程度。也就是說，母體內的變異性愈大，樣本的差異愈大，平均數差異很大的可能性也愈高。

樣本平均數差異分布的離散度可用標準差為單位來量度。這個標準差和樣本平均數的分布同樣稱為標準誤差，但這裡是**平均數差異的標準誤差**（standard error of the differences between means，SE-diff）。因此，我們可以假設它的所有比例和常態曲線相同，也就是樣本平均數差異大約有68%位於 ± 1 SE-diff之間，大約有95%位於 ± 2 SE-diff之間，以此類推。

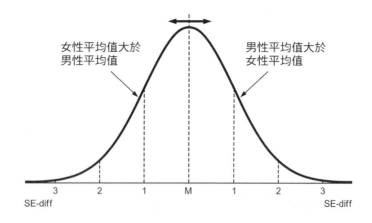

我們可以認為幾乎所有（其實是99.7%）的樣本平均數差異都小於**幾個**SE-diff？

大於 3 SE-diff 的極少（0.3%）。

現在來看看這點在實際狀況中有什麼幫助。它如何運用在比較兩組血壓樣本上？你應該還記得，我們從一開始就知道50名男性學生的平均血壓高於50位女性學生10 mm。我們想知道的是這個差異是否顯著，也就是說，這個差異是否足以代表（或指出）這類男性學生和女性學生的血壓有普遍差異？還是說，樣本平均數間的差異只是經常出現的偶發差異？要確定這一點，必須進行顯著性檢定。

科學家通常謹小慎微，尤其是證據似乎支持自己的理論的時候。（達爾文〔Charles Darwin〕曾經說過：「我一定會仔細記下否定我的證據，因為支持的證據不用花工夫就會記得！」）

統計學家也同樣養成了嚴格的謹慎傳統——我們會探究「這個差異有沒有可能『不』顯著？」，藉以檢驗顯著差異。

所以我們一開始先假設男性和女性的血壓其實**沒有差異**，實際上，我們是假設兩者來自相同的母體。因此，兩組樣本的平均數差異只是上方理論分布中的一個可能差異，在理論分布中，平均數差異是 0。

這個假設（或假說）稱為**虛無假設**（null hypothesis）。它試圖指出兩個樣本平均數的差異不具統計顯著性，藉以將它消除。它檢驗任何差異都源自抽樣變異的可能性。

從這時開始的探討過程中，虛無假設都會「受到攻擊」。

如果兩個樣本平均數的差異太大，無法解釋為兩組隨機樣本間經常出現的偶發變異，就必須否決虛無假設，它無法解釋我們的發現，所以我們必須以**對立假設**（alternative hypothesis）來取代。

最常見的對立假設就是兩個母體平均數**不同**。

當然，可能的對立假設**不只**這一種。你是否能提出另一種更具體的對立假設？

另一種對立假設或許能預測樣本會有**什麼**不同，例如男性平均血壓高於女性平均數，或者反之（你甚至可以大膽假設一者高於另一者**超過**某個程度〔例如5 mm〕）。

總而言之，先假定虛無假設（也就是兩個 P- 平均數間沒有實際差異）為真，**再**證明樣本平均數間的差異**太大**，所以我們無法相信兩組樣本來自同一個母體。

因此我們**假設**兩組血壓樣本的平均數的 10 mm 差異位於這類樣本的平均數差異的常態分布中。

這組分布的平均數是 0，那麼差異平均數的標準誤差是多少？當然，如果沒有取得無限多組樣本，我們不可能確定，所以我們必須估計樣本平均數差異的標準誤差（如同估計平均數的標準誤差）。

事實上，要找出兩個樣本平均數差異的標準誤差，需要先把兩個平均數的標準誤差**結合**起來。

在血壓樣本的例子中，每組樣本的50個值的標準差正好相同（11.3 mm）。因此，兩組樣本的平均數的標準誤差相同：

$$\frac{11.3}{\sqrt{50}} \; = \; 1.6 \text{ mm}$$

接著我們必須算出兩個標準誤差的平方數，相加之後取平方根（所以SE-diff一定大於每個SE-平均數）：

$$\begin{aligned} \text{SE-diff} &= \sqrt{1.6^2 + 1.6^2} \\ &= \sqrt{2.56 + 2.56} \\ &= \sqrt{5.12} \\ &= 2.26 \text{ mm} \end{aligned}$$

如果我們接受虛無假設（假設這兩組樣本來自同一母體），則兩組樣本的平均數差異的分布平均數應該是0，標準差（SE-diff）大約是 $2\frac{1}{4}$ mm：

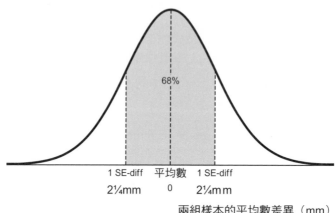

兩組樣本的平均數差異（mm）

所以，即使男性和女性的血壓之間**沒有實際差異**，我們還是可以料想到，在好幾百對樣本中，會有68%的平均數之間有 $2\frac{1}{4}$ mm以下的差異。男性平均數有時比女性高出最多 $2\frac{1}{4}$ mm，有時反之。但無論是什麼狀況，這類差異的出現機率都是68%。

假如兩組血壓樣本的平均數真的差距 $2\frac{1}{4}$ mm，我們一定也會認為它純粹出自從母體抽樣時的機遇變異（chance variation），不大可能代表母體平均數確實有差異，所以我們一定會接受這個虛無假設。

兩組隨機樣本的平均數差異**超過** $2\frac{1}{4}$ mm的機率是多少？

在**下方**的分布圖中，差異超過 $2\frac{1}{4}$ mm 是**兩端**的灰色部分。中央部分（0 ± 1 SE-diff）在所有樣本平均數差異中佔68%，所以兩端共佔32%。在16%的樣本組中（左邊），女性平均數大於男性平均值 $2\frac{1}{4}$ mm 以上，右邊16%代表男性平均數大於女性平均數 $2\frac{1}{4}$ mm 以上，所以差異大於 $2\frac{1}{4}$ mm 的機率是32%。

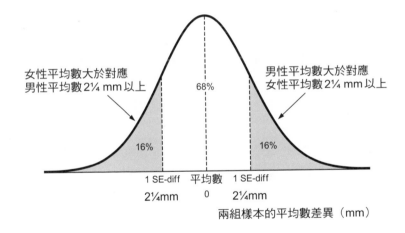

與我們所知的常態分布一樣，差異逐漸變大時，曲線大幅滑向基線，可能性愈來愈小。依照我們對常態曲線比例的了解，可以得知超過2 × SE-diff的差異在所有樣本組中只佔5%（因為這組分布下方的區域有95%在平均數 ± 2 SD之內）。

所以在血壓樣本組的例子中，平均數差異超過2 × SE-diff（也就是2 × 2.26 mm = 4.52 mm）的機率大約是5%或 $\frac{1}{20}$。（當

然也別忘了，這 $\frac{1}{20}$ 可能是女性平均數大於男性平均數，也可能相反。）

　　同樣地，我們知道平均數 $\pm\ 2\frac{1}{2}$ SD 涵括常態曲線下大約 99% 的面積。所以，如果男性和女性血壓沒有實際差異，那麼在 100 對樣本中，大約只有一對的差異會超過 $2\frac{1}{2} \times 2.26$ mm ＝ 5.65 mm（機率為 1%）。（同樣地，可能是女性大於男性，**也**可能相反。）

> 在兩組樣本中，**男性**平均數大於女性平均數 5.65 mm 以上的機率是多少？

　　男性或女性平均數超過另一方 5.65 mm 以上的**總**機率是 1%，所以兩種可能**之一**的機率是一半，也就是 $\frac{1}{2}$%。我們可以看到這個部分位於下方分布曲線的最末端：

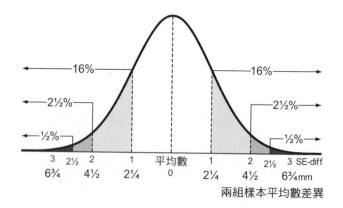

兩組樣本平均數差異

　　所以對於兩組血壓樣本的虛無假設，我們得怎麼決定？之前說過，我們假設兩組樣本都來自同一個母體，**但如果**兩者平均數的差異很大，看起來不可能出自從同一母體抽樣時的機遇變異，這個假設就不成立。

　　上面的分布說明兩個樣本平均數的差異幅度出現次數（假設兩者來自同一母體）。

> 兩個樣本平均數的差異為 10 mm，這種狀況是否很常見？
> 你會因此接受或否決虛無假設（也就是沒有實際差異）？

　　10 mm的差異並不常見。我們知道，$3 \times$ SE-diff的差異就已經大於99.7%的所有差異，但10 mm的差異已經是$4 \times$ SE-diff。依據常態曲線表計算可知，偶然出現這麼大的差異的機率不到 $\frac{6}{100,000}$，已經小到可以忽略。

　　因此我們可以否決虛無假設。這兩組樣本間的差異代表兩個母體（年輕男性和年輕女性的血壓）之間有實際差異，這個差異很顯著，有些人可能認為非常**顯著**。

顯著性的顯著性

　　這裡我想提醒讀者，在統計思考中，「顯著」不一定代表「有趣」或「重要」。舉例來說，假設我們比較新的統計學教

學方法和舊方法，採用新的教學方法時，學生的平均考試分數是66%，而類似樣本採用舊方法教學的分數是60%。

如果樣本規模夠大，我們就可以確定這個差異為顯著。但這只表示我們認為差異確實存在，也認為新方法使這些學生與接受舊方法的學生分離，進入不同的母體，也就是平均考試分數較高的母體。我們可以相信以後再比較取自這兩個母體的樣本時，也會出現類似的差異。（在這裡採用「可靠」這個詞會比「顯著」來得適當，但統計學家已經來不及修改詞彙了！）

請注意，這裡我們**沒有**提出任何價值判斷，不是說這個差異有必要追求（或是差異本身有其必要，統計學老師對6%差異的反應可能是「那又怎樣！」），當然也不是說新方法（也可能是醫學上的新藥，或是工業上的新製程）應該取代舊方法。這必須由其他（非統計的）因素決定，例如達成這樣的差異需要多少成本（時間或資源）？以及是否有其他方法能以更少的成本達成更大的差異？

以下兩個差異中，你認為就統計上而言，哪個比較顯著？

A. X作者的小說中，句子的平均長度比 Y 作者長三個單字。依據計算，這個差異相當於 $2\frac{1}{2} \times$ SE-diff。

B. 在判定需要進行某種手術的患者中，接受手術的患者平均存活率比因為各種原因而未接受手術的患者高20%。依據計算，這個差異相當於 $2 \times$ SE-diff。

就統計上看來，比較顯著的差異是（A）。也就是說，以接受比較的樣本而言，每一句三個單字的差異偶然發生的機率顯然小於20%的存活率。請注意，我們看的不是社會或人類的價值（甚至也不是它的絕對大小），而是只關注以標準差為單位時，這個差異的大小（進而得知未來比較時再度出現的可能性）。

別忘了，母體中的值變異愈大，樣本中看到的值變異愈大，這些樣本的平均數**差異**的變異也會愈大。所以這個連鎖的變異性愈大，**足以讓我們確定兩組樣本並非來自同一母體所需的平均數差異也愈大。**

因此，「顯著」的差異代表樣本的母體確實有差異，而且讓我們相信，如果再從這些母體取得兩組樣本，這個差異也會再度出現。

但差異要多大才算顯著？這有點像是在問：「一個人要多

高才能算『高』?」如果在某個值畫一條線，說這條線的一邊是顯著，另一邊是不顯著，畢竟有點隨便。儘管如此，統計學家還是常採用兩個「截止點」。這兩個截止點分別是5%水準和1%水準（通常寫成0.05水準和0.01水準）。

起初或許不大容易看出，但差異是0.05水準時的顯著程度**低於**0.01水準，也就是說，我們或許可以接受差異偶然出現（出自同一母體）的可能性只有5%時為顯著，或是堅持差異必須大到只有1%的出現機率才算顯著。（我們可以說明這和上一章提到的信心水準之間的關係：在第一個狀況中，我們有95%的信心認為差異確實存在，第二個狀況則有99%的信心）

所以，如果要否決虛無假設，樣本平均數間的差異應該顯著到什麼程度，我們才能更有信心地這麼做？

A. 1%水準

B. 5%水準

差異愈大，我們就能愈有信心地否決虛無假設（取得樣本的母體的平均數間沒有實際差異）。要達到1%顯著水準（差異大到出現機率為1%），差異必須比只有5%顯著水準（出現機率為5%）時更大。所以差異達到1%顯著水準時，我們就能更有信心地否決虛無假設。

顯著水準為5%的差異通常只稱為「顯著」，而1%水準的差異通常稱為「高度顯著」（0.1%水準稱為「非常高度顯著」）。然而這些文字標記對數字呈現的結果沒有任何幫助，而且可能讓某些研究者誤解已經得知的結果。

舉例來說，假設有兩個相關實驗的差異各不相同，其中一個差異純粹因為抽樣變異而出現的機率是4.9%，另一個差異的機率是5.1%。事實上就差異是否確實存在而言，這兩個實驗的結果大致相同，但一個標示為「顯著」，另一個卻是「不顯著」（最多也只是「接近顯著」）。在評估這類資料時，比較好的做法或許是讓數字說話。

> 我們再回頭看看血壓樣本。平均數差異（SE-diff）需要多大，顯著性才能達到5%水準和1%水準？

差異大於 $2 \times$ SE-diff 時，顯著性可以達到5%水準（在這個例子中是 $2 \times$ SE-diff = 4.52 mm）。要達到1%水準，則必須為 $2\frac{1}{2} \times$ SE-diff（也就是5.65 mm）以上。

假如差異小於 $2 \times$ SE-diff，我們就沒辦法否決虛無假設，這樣的差異非常可能出自從同一母體抽樣時的抽樣變異。實際上，我們已經接受了虛無假設，承認並未證實有實際差異，差異並不顯著。

　　所以，顯著性檢定同時存在兩個相反的**潛在問題**：第一，某個差異不顯著，但我們接受它顯著，這種狀況稱為**型一錯誤**（Type I error），防範的方法是要求更嚴格的顯著水準（例如從5%提高到1%）。但我們提高顯著水準時（要求樣本平均數間差異必須更大），造成**相反**狀況的風險也隨之提高。

> 你知道**相反**的狀況是什麼嗎？

　　如果我們要求樣本平均數間的差異必須更大，才接受母體間的差異確實存在，就更容易把確實存在的差異視為不存在，這種狀況稱為**型二錯誤**（Type II error）。

　　簡而言之：

- 型一錯誤是**否決真**虛無假設。
- 型二錯誤是**接受偽**虛無假設。

我們可以用這樣的方式思考：

　　　　　　　　　　　　　　　虛無假設

　　　　　　　　　　　　真　　　　　　　偽

　　　　　　　　　　　錯誤　　　　　　正確
　　　　　　否決　　　（型一）

我們的決定

　　　　　　接受　　　正確　　　　　　錯誤
　　　　　　　　　　　　　　　　　　　（型二）

　　然而，由於我們無從得知虛無假設「究竟」是真是假，所以也不可能知道我們的決定會有什麼結果。我們**能**指出的是：

我們愈想**降低**造成型一錯誤的風險（也就是要求差異必須「更顯著」）時，就愈容易：

A. 降低

B. 提高

出現型二錯誤的風險？

　　我們愈想降低發生型一錯誤的風險，就愈容易（B）提高發生型二錯誤的風險。

　　我們愈想確定不會錯誤地斷定實際差異存在，對樣本間差

異要求愈大，但我們使型一錯誤發生的機率降低得愈多，斷定母體**沒有**實際差異的指標也變得愈大。接下來，被我們忽略的差異愈大，就愈有可能導致某些差異**確實**代表母體不同，但我們斷定為相同。

　　這個兩難問題和法庭採納證據的狀況相當類似，如果我們打算接受薄弱的證據來判決一個人有罪，就可能冤枉許多無辜的人。相反，如果我們只接受最明確的證據，忽視其他證據，又會因而縱放不少有罪的人。

　　這些狀況在實際上有什麼影響？如果科學家非常嚴格地要求顯著性水準，或許可以很有信心地認為自己接受的差異**確實**存在，但也可能錯失許多值得**進一步**研究的可能性。

　　另一方面，如果科學家對顯著水準的要求寬鬆，那麼他們自己（以及與這些發現有關的所有同事）可能就要探究所有可能線索，花費許多研究時間和資源，最後才接受差異純粹出自抽樣變異。

　　我們可以想像一下，這類狀況在某種尚未發現可能療法但研究成本極高的癌症研究中會是什麼樣貌。進一步探究每項有些許可能的療法，當然和希望集中珍貴的資源、只研究最有可能的線索（同時避免在醫師和患者心中產生錯誤的希望）背道而馳。

　　科學家如果預料型一錯誤（否決虛無假設並誤判有實際差異）的代價相當高昂，就會嚴格要求顯著水準，至少1%甚至

更小，完全取決於實際狀況。

　　這類程序或許看來隨便又凌亂，但科學中沒有絕對的100%（或絕對不可能），只有機率和信心水準。自視為科學家的人在這方面一定比其他人更誠實，至少在做科學研究的時候是如此。錯誤的風險已經量化並公開，我們永遠不可能確知自己是否犯了型一或型二錯誤，但**進一步**實驗或查詢或許能降低不確定性。但科學的傳統就是保守，科學家要求一定的顯著水準，使我們容易**錯失**正確（當時不知道）的結果，而不容易提出錯誤的結果。

　　所以重點是**避免**型一還是型二錯誤？

　　重點是避免型一錯誤。

比較離散度

　　進入本章最後一節之前，我想先提醒讀者：我們目前討論的大多是樣本的**平均數**不同，但樣本的**離散度**也可能不同（也就是標準差或變異數不同）。我們在本章一開始曾經看過下面這張圖：

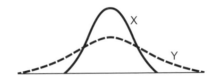

　　在這張圖中，兩組樣本的**平均數**相差不多，但**離散度**相差很多。Y樣本比X樣本分散得多、值的變異大得多，所以離散度大得多，兩組樣本間的**標準差**會相差很多。

　　兩組樣本間的離散度差異可能大到足以代表它們來自不同的母體嗎？是的，有可能。當你知道有許多方法可以檢驗離散度差異的顯著性時，應該不會覺得驚訝，但一定會很高興我們不準備討論這些方法！上方圖中呈現的離散度差異當然很顯著，也就是這兩組樣本可以視為來自變異數不同（但平均數相差不多）的兩個母體。

　　在許多狀況下，我們或許會想比較離散度（也就是標準差），而不是平均數。舉例來說，焦慮或某種藥物（例如酒精）可能使樣本中的某些人在某件事上表現較佳，但使其他人表現較差。因此，儘管整組樣本的平均表現在服用這種藥物前後差別不大，但表現的變異性或離散度則可能顯著提高。

　　事實上，本章目前討論過的顯著性檢定（重點放在**平均數**的差異）其實是以一項與離散度有關的**假設**為前提：假設這兩組樣本的標準差相似，因此指出它們來自離散度**相等**的母體。**標準差**（或變異數）的差異愈大，我們愈無法準確得知兩者**平**

均數差異的顯著性。

舉例來說，在下圖的三對樣本中，哪一對可以使用平均數
差異的顯著性檢定？哪一對不可以？為什麼？

這種檢定有效的前提是兩組樣本的離散度大致相等。上圖
三對樣本中只有（B）符合這項條件，所以可用平均數差異來
檢驗顯著性。在（C）中，兩組樣本的平均數顯然不同，離散
度也相差很多，所以即使進行檢驗**也**無法準確得知這個差異的
顯著性。基於同樣的理由，（A）也不適用。

兩組樣本的平均數**和**標準差都不同時，先比較離散度或許
是個好方法。如果離散度顯著不同，則判定這兩組樣本可能確
實來自不同的母體，或許會比較好。換句話說，由於我們很難
區分平均數的差異和離散度的差異，所以不值得進一步進行顯
著性檢定。

然而，我們即將進入更深的理論部分，連專業統計學家對
可接受的方式都沒有一致的意見，所以這個問題就留給他們，

我們繼續看下去。

非參數方法

不知道你有沒有想過，我們討論過的統計學技巧似乎都相當依賴常態分布曲線？如果沒想過，可以快速翻一下這本書，就會發現鐘形曲線經常出現，有的高瘦、有的矮胖，有的介於兩者之間。

事實上，「古典」統計學技巧大多假設樣本取自常態分布母體，再讓我們估計這類母體的參數，因此這類技巧稱為**參數方法**（parametric）。

但有許多狀況，假設母體是常態分布將會完全錯誤，而有更多狀況是可能錯誤但無法確定。

舉例來說，常態分布的概念就不適用於類別資料。假設我們現在想知道「榮譽」和「一般」兩種學位的就業機會，我們觀察兩類各100名學生畢業一年後的狀況，發現有90名榮譽學位畢業生和80名一般學位畢業生有工作。

依據下一章介紹的方法可以得知，如果榮譽和一般學位畢業生的就業機率**大致相同**，出現這個比例的機率不到5%。

也就是說，我們可以否決虛無假設（信心水準為0.05）。在就業方面，兩類畢業生之間似乎還有全面性的「非機遇」差異（non-chance difference）。

> 但我們有對就業是否為常態分布提出任何假設嗎？

　　我們當然沒有對就業分布提出假設，甚至也沒有測定個別畢業生的就業量。

　　儘管如此，不做任何這類假設，也不計算平均數跟標準差，我們還是能檢驗這類類別資料差異的顯著性。這種方法就是**非參數檢定**（non-parametric test），它**不需要**假設分布具有常態性也能有效運用。

　　另一個**只能**使用非參數技巧的「類別」狀況是資料由等級構成的時候。在這類狀況中，我們知道樣本成員的**等級**是第一、第二、第三、第四等（在容貌、智力、魅力或其他方面）。樣本成員依照具備「多少」相關特質的順序排列。

　　然而，這類有序類別很可能不需要測定數量就能達成。舉例來說，假設某個大學科系的學生依據「教學能力」評定五位資深教師和四位資淺教師的排名。

　　因為不需要測定數量，所以我們也無法平均兩組的教學能力，觀察資淺和資深教師的平均「教學能力」是否有顯著差異。我們只知道從最好到最差排列的教師等級順序（S代表資深教師，J代表資淺教師），如下所示：

最好..最差
第一　第二　第三　第四　第五　第六　第七　第八　第九
S　　S　　S　　J　　J　　S　　S　　J　　J

不過，非參數技巧（曼－惠特尼U檢定〔Mann-Whitney U test〕）可以幫助我們比較這個順序和資深與資淺教師能力相當時的可能順序（例如SJSJSJSJS），（在這個例子中）進而判定我們看到的順序沒有顯著差異。

這類非參數檢定通常相當容易計算。因此研究人員即使有完整的測量數字，也能假設常態曲線，還是經常把它當成「撇步」（或捷徑）。舉例來說，他們可能會把一組個人考試分數簡化成及格或不及格學生人數，或者忽略實際分數，只處理分數的等級順序。

不可避免地，這樣一定會造成樣本成員間的實際差異資訊「流失」。舉例來說，兩名男性學生的考試分數分別是100分和10分，另外兩名女性學生是90分和80分，所以男性學生是第一和第四，女性學生是第二和第三，兩者的平均等級都是 $2\frac{1}{2}$。如果只看等級，女性和男性在考試中的表現似乎一樣好。

但是，如果回頭看男性和女性學生的實際分數，是否還能相信這個「沒有差異」的結論？

　　兩名女性學生的總分數是 90 + 80 = 170分，男性學生的總分數是 100 + 10 = 110分。知道實際分數之後，我們可以發現女性比較優異。但如果只有等級資訊，就看不到這一點了。

　　所以，我們把測定資料簡化成幾個類別（例如及格和不及格），或是只使用等級位置，因此流失詳細資訊時，差異也隨之消失，這表示我們將更難測得顯著的差異。

　　因此反過來說，使用非參數檢定時，差異必須**大很多**，才可能被判定為顯著。所以，儘管對大多數統計查詢而言，非參數技巧比較簡單（而且有些查詢不適合使用參數方法，因此不得不使用），但它確實會提高我們錯誤地接受虛無假設的風險（型二錯誤）。

　　岔題來談非參數方法到這裡應該夠多了，不過這個方法對實際從業的統計人員而言非常重要，我也會在接下來的兩章各介紹一種方法。不過我認為還是參數方法最能完整**解釋**統計數字，所以我們後續的討論中仍然會以常態分布為主。

　　你大概會覺得這是本書目前為止最難的一章：思考觀察到的事實之外的理論分布；擺弄看來像雙重否定句的虛無假設──先假設我們不贊同的結果，接著證明它確實錯誤，間接證明我們原本贊同的另一種結果成立，還可以直接著手檢驗；不管它正確的機率，而是以它錯誤的機率陳示結果的顯著程度。這些都使顯著性檢定看來像某種怪異的頭腦體操，儘管如此，它仍然是最重要的統計方法。

　　在下一章中，我會透過案例研究，一步步對實驗比較結果進行顯著性檢定，幫助你增進對顯著性的「感覺」。

　　在此同時，如果你覺得需要再讀一遍**本章**才開始看下一章，我也不會覺得驚訝，而且還滿建議這麼做！

第7章
進一步探討顯著性

　　在這一章中，我打算運用顯著性檢定一步步探討一個新問題。在這個過程中，我會帶入先前一直避免談到的爭議性面向，接著我們會一次處理兩個問題，最後探討檢定類別變數差異顯著性的方法。

　　先假設我們開發出一種「記憶藥物」，希望能幫助學生考試考得更好。而且，無論考的是什麼，都要求有良好的內容記憶能力。我們想知道學生服用記憶藥物之後，是否可以期待自己的記憶力會提升。

　　由於外人不清楚的某些原因，許多準備參加某項考試的學生同意協助我們測試這種藥物。所以我們隨機選擇了200名學生，在他們開始考試之前，安排其中100人服用這種「記憶藥物」，這些學生稱為「實驗組」。

　　另外100名學生是「對照組」，他們服用的藥物是「安慰

劑」，**看起來**跟記憶藥物一樣，但不含要測試的藥物。

學生都不知道自己吃的是什麼藥（這是為了避免實驗組學生表現改變不是因為藥物，而是因為知道自己被選擇接受特殊藥物）。

而在老師打完分數之前，我們也不知道哪些學生服用藥物，哪些服用安慰劑（老師也不知道學生可能接受藥物輔助，以避免影響老師打分數）。

現在，藥物是否使兩組樣本的考試表現有所不同？

我們最終希望把這些學生展現的明顯效果類推到未來的同類學生身上，但我們首先想知道兩組學生的平均考試分數。

> 我們對這些平均數的虛無假設應該是什麼？

虛無假設（但我們希望它不成立！）是服用藥物和未服用藥物學生的平均分數之間沒有顯著差異（相當於認為無論出現什麼差異，這些差異都是出於偶然，而不是藥物發揮作用）。

我們要把目標放在多大的差異？嗯……我們同事之間對這類藥物是否有效也抱有不少懷疑的論調，所以差異的顯著程度如果只有5%，我們還是無法否決虛無假設。錯誤機率如果高到 $\frac{1}{20}$，應該很難讓人接受。

　　所以我們決定，差異的顯著程度必須達到1%水準，才有
理由進一步開發記憶藥物。這樣一來，我們就必須以更大的
差異為目標，把不顯著的差異誤判為顯著的機率將可降低到
1%。差異必須到達1%水準，我們才能說**對立**假設比較合理，
而且值得繼續探究。

單尾與雙尾檢定

　　但我前面提到的對立假設又**是什麼**？現在我們觸碰到一個
在統計學界吵吵嚷嚷超過一世紀的爭議話題：對立假設應該單
純主張**有**顯著差異，還是應該更具體地斷定顯著差異位於哪一
個**方向**！

　　坦白講，我們是否應該假設「藥物組」學生的表現明顯**優
於**「安慰劑組」學生？畢竟這是我們希望的結果，也是這項研
究的目的（而且我們沒有理由希望是「安慰劑組」學生的表現
較佳）。

　　對立假設單純指出「有顯著差異」還是「在**事先指明**的方
向上有顯著差異」究竟有什麼關係？我們從下注或機率的觀點
來看看這件事：

以下（A）和（B）兩個預測中，哪個比較可能正確？

A. 不是藥物組學生的分數明顯優於安慰劑組學生，就是安慰劑組學生的分數明顯優於藥物組學生。

B. 藥物組學生的分數明顯優於安慰劑組學生。

　　比較可能正確的說法是（A）。這個說法提到兩個可能結果，但（B）只提到其中之一。（說「X馬或Y馬將首先通過終點」的賽馬賭客比起只說「X馬獲勝」的賭客，贏錢的機率更大。）

　　所以，如果我們事先設定目標不只是實際差異，而且是「藥物組」學生表現較佳的顯著差異，顯然會降低成功的機率！其實我們可以彌補這一點，一起來看看怎麼做。

　　我想你應該還記得取自任一母體的樣本間平均數差異分布圖（第146頁）。這個分布是鐘形，也就是常態曲線（在血壓比較範例中也用了這條曲線）。

在這條曲線上，**最大**的樣本平均數差異位於哪裡？

A. 接近左邊末端

B. 中央附近

C. 接近右邊末端

D. 接近兩端

取自同一母體的樣本間平均數差異的理論分布曲線指出，最常見的差異應該是0（沒有差異），差異超過0愈多，出現的次數愈少。所以較大的差異出現在曲線**兩端**，也就是**尾部**。

如果我們的對立假設只是「顯著性為1%水準的差異確實存在」，表示我們要尋找的差異必須夠大，足以出現在兩個尾部中的任一端。

我們比較男性和女性血壓平均數時就是如此（我們沒有必要猜測差距會位於某個特定方向），採用的方法稱為**雙尾顯著性檢定**（two-tailed test of significance）。

然而在藥物與安慰劑比較的例子中，這個方法就不適用。要否決虛無假設（藥物對分數沒有顯著影響），我們需要的差異必須夠大，使「藥物組」平均數大於「安慰劑組」平均數的機率不高於 $\frac{1}{2}$ %，**同時**「安慰劑組」平均數大於「藥物組」平均數的機率也不高於 $\frac{1}{2}$ %，前提是兩者確實來自同一個母體。所以**臨界**差異（critical difference）是差異必須**大於或等於** $2\frac{1}{2}$ SE-diff（因為我們知道大約99%差異的值小於 $2\frac{1}{2}$ SE-diff）。

但這樣是雙尾檢定，適用於我們對差異方向沒有預期的時候。這個例子則是這樣的：

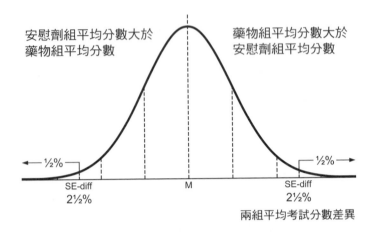

安慰劑組平均分數大於
藥物組平均分數

藥物組平均分數大於
安慰劑組平均分數

←─ ½% ─→   ←─ ½% ─→

SE-diff   M   SE-diff
2½%   2½%

兩組平均考試分數差異

　　不過現在我們要提出更明確的對立假設。我們否決虛無假
設（同時接受對立假設）的條件是**「藥物組學生」表現較佳**的
差異夠大，使這個差異出自抽樣變異的機率不高於1%。

　　事實上，我們現在採用的就是**單尾檢定**（one-tailed
test），我們只想觀察「藥物組學生」平均數大於「安慰劑組」
學生的差異（**不包括**相反狀況）。

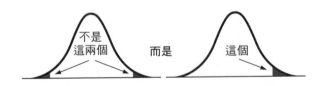

不是
這兩個   而是   這個

　　所以，我們不是選擇左右兩個尾部各 $\frac{1}{2}$ %的差異，而是
只選擇一個尾部的1%，也就是「藥物組」樣本表現優於「安

慰劑組」樣本這一邊的尾部（在這個例子中正好是右邊），差異必須在右邊的1%以內，我們才能否決虛無假設。

「藥物組學生」表現較佳的差異必須有多大，才是所有差異中**最大**的1%？（參見前頁的曲線。）
A. 必須正好是 $2\frac{1}{2}$ SE-diff
B. 可以小於 $2\frac{1}{2}$ SE-diff
C. 必須大於 $2\frac{1}{2}$ SE-diff

差異如果大於 $2\frac{1}{2}$ SE-diff（而且位於右邊尾部），就位於最大的 $\frac{1}{2}$ ％內。如果實驗造成的差異達到這個大小，我們會非常高興，因為其實不需要那麼大，別忘了我們的目標是最大的1%（而不是 $\frac{1}{2}$ ％）。觀察下方的圖，可以發現沿基線向左移動截止點，使範圍增加 $\frac{1}{2}$ ％，可以納入幾個**較小**的差異，讓小於 $2\frac{1}{2}$ SE-diff的差異也符合我們要求的顯著性水準。

說得更精確一些，如果仔細觀察列出常態曲線下方比例的表格，會發現要涵括一邊尾部的1%，所需的 z 值大約是 $2\frac{1}{3}$ SE，所以大於 $2\frac{1}{3}$ SE的差異（「藥物組」平均數表現較佳）會位於右邊尾部。在這個單尾檢定中要以1%的顯著性水準否決虛無假設，差異必須大於或等於 $2\frac{1}{3}$ SE-diff，而且必須是藥物組表現較佳。

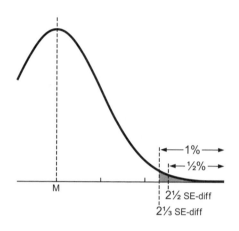

因此，儘管我們似乎已經大膽預測差異的**方向**，因而限縮找到顯著差異的機率，在過程中還是會使需要的差異變小一些（這就是凡事有失必定有得）。

你是否會覺得這樣好像偷偷摸摸或是玩把戲？許多人反對使用單尾檢定，主要理由是實驗者已經知道差異應該位於哪個方向，而且會發現這樣比較容易找到顯著差異，進而否決虛無假設，因此也更容易造成型一錯誤，也就是在差異純粹源自抽樣變異時誤判為顯著。

此外，這類實驗者忽略差異可能與期望相反，也就是位於另一個方向，所以許多重要的新現象都沒有紀錄下來。最有力的批評可能是這個：「如果很了解這個差異，對差異所在的方向很有把握，為什麼還要檢驗顯著性？這麼容易預測的差異**一定很顯著。**」

　　有些批評者也擔憂實驗者採用雙尾檢定沒有找到顯著差異時，才轉而改用單尾檢定。對實驗而言，雖然「沒有顯著差異」的結果或許也是有用的科學結果——這樣有助於封鎖另一條不會有結果的研究路線，但事實上，跟有顯著差異的實驗相比之下，這類實驗提出報告的數量少得多，發表的數量更少。在某種程度上，許多科學家認為缺少顯著性代表沒有成功。

　　無論大眾對研究人員有多少批評，看來他們除了雙尾檢定，也會採用單尾檢定。如果要對真實性有信心，科學家應該在什麼時候說明自己使用哪種檢定法（以及否決虛無假設的顯著性水準）？

A. 採集資料前
B. 採集資料後
C. 以上兩者皆可

　　科學家應該在採集資料前說明自己採用單尾或雙尾檢定（以及否決虛無假設的顯著性水準）。（投注站對只在比賽開始後才下注的賭客應該不太同情！）

　　此外，如果科學家採用雙尾檢定檢視是否有可靠差異，就不應該再改用單尾檢定，以提出較高的顯著性。在這種情況下，他們應該做的是由新樣本採集更多資料，再用這些資料進

行單尾檢定。

可惜的是，我們不一定能分辨一位科學家的對立假設是在實驗之前就已經確立，還是特別為了配合結果本身而提出。解讀其他人的報告時，我們必須小心，不要太快接受報告中宣稱的「顯著性」。我們應該先考慮實驗背景（例如其他地方的類似實驗結果，以及結果在理論上的合理性），接著可以問：紀錄上的差異純粹出自抽樣變異的機率是否夠低，足以讓我們預測未來比較時仍然會出現？

現在我們來看看考試樣本的表現如何，這個實驗的**虛無假設**應該是什麼？

你應該還記得，虛無假設是「藥物組」學生的平均分數和「安慰劑組」學生**沒有**顯著差異。我們的對立假設（當然是在比較結果之前就已經確立）是「藥物組」平均分數顯著較高。

顯著性檢定的下一步是回想**如果**虛無假設確實成立，我們預期由母體取得的平均數差異的理論分布。也就是說，我們的預測是平均數為0的常態分布（樣本平均數之間沒有差異），以及結合我們由樣本取得的兩個平均數的標準誤差後估計的標準差。

換句話說，樣本的離散度愈大，標準差愈大（標準差愈

大，我們估計的平均數標準誤差也愈大），而且我們估計這些樣本的平均數差異的標準差（也就是標準誤差）也會愈大。

現在我們指定否決虛無假設的顯著性水準。你應該還記得，我們採用1%的顯著性水準，這表示我們希望平均數間的差異（而且是「藥物組」表現較佳）必須夠大，使它在前面提到的理論上「沒有差異」的母體中偶然出現的機率小於1%。因此我們可在理論分布上標出**臨界區域**（critical region），在這個區域中，對立假設看來比虛無假設更能接受。在這個例子中，我們知道臨界區域是「藥物組」平均數大於「安慰劑組」平均數 $2\frac{1}{3}$ SE-diff 以上的部分。

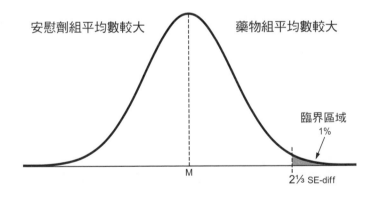

現在我們可以觀察實際考試分數，計算出兩組學生樣本的平均數和標準差如下：

	平均數	標準差
「藥物組」學生	62.8	10分
「安慰劑組」學生	60	9分

平均分數的差異是多少？兩組中哪一組表現較佳？

平均分數的差異是2.8分，而且藥物組學生表現較佳。但這個差異足以進入我們決定的臨界區域嗎？

要回答這個問題，我們必須知道兩組樣本平均數差異的標準誤差。結合兩者的標準誤差，可以得知這個標準誤差，做法如下（別忘了每組樣本有100名學生）：

$$SE 平均數（藥物組）＝ \frac{10}{\sqrt{100}} ＝ \frac{10}{10} ＝ 1 分$$

$$SE 平均數（安慰劑組）＝ \frac{9}{\sqrt{100}} ＝ \frac{9}{10} ＝ 0.9 分$$

（這裡想提醒讀者SE平均數的意思，上面的數字代表在一大群類似學生中，大約有68%的學生服用藥物後的分數為62.8 ± 1分，服用安慰劑後的分數為60 ± 0.9分。）

我們結合兩個平均數的標準誤差，找出它們之間的**差異**的標準誤差，做法如下：

$$\text{SE-diff} = \sqrt{1^2 + 0.9^2}$$
$$= \sqrt{1 + 0.81}$$
$$= \sqrt{1.81}$$
$$= 1.3 \text{ 分}$$

現在我們可以指出**如果**虛無假設**成立**時（代表兩個樣本平均數來自同一個母體），兩者差異的理論分布。

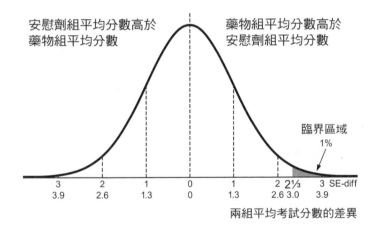

由於 SE-diff = 1.3 分，所以我們可以得知 2 SE-diff = 2.6 分、3 SE-diff = 3.9 分，以此類推。

但我們最想知道的 SE-diff 值是 $2\frac{1}{3}$ SE-diff，因為這是臨界區域的截止值。平均數差異必須大於這個值，才會位於臨界區域，顯著性才會到達 1% 水準。

$2\frac{1}{3}$ SE-diff = 2.3 × 1.3 = 2.99分，所以「藥物組」學生和「安慰劑」組學生的平均分數差異（也就是2.8分）的顯著性**是否**達到1%水準？

「藥物組」學生和「安慰劑」組學生的平均分數差異是2.8分，所以我們必須斷定它的顯著性沒有達到1%水準，還不夠！（要進入1%臨界區域，差異必須到達2.99分以上）

當然，2.8分差異的顯著性已經達到5%水準。你應該還記得，在單尾檢定中，5%臨界區域已經包含1.6 SE-diff以上的所有差異。在這個例子中，1.6 SE-diff = 1.6 × 1.3 = 2.08分。我們的2.8分差異已經位於5%臨界區域之內。

這個時候，我們可能會採用無意義的文字標記：說這個差異不算「高度顯著」，但可以說是「顯著」！

不過常識告訴我們決定之前先看數字本身。無可否認地，這個差異不夠大，偶然發生的機率沒有小於1%。所以我們沒辦法99%確定這兩個平均數來自不同的母體，因此無法否決虛無假設。然而，這個差異確實已經**相當接近**臨界區域。

假設有兩組大上許多的樣本，例如各有150名學生，兩者的差異跟前面相同，它的顯著性會：

A. 更大

B. 更小

C. 相同

如果兩組大上許多的樣本間的差異相同，顯著性會變得更大。樣本各包含150名學生（這樣將使標準誤差減少到1.1分左右），差異的顯著性將達到1%水準，也就是：

$$2\frac{1}{3}\text{SE-diff} = 2.3 \times 1.1 = 2.5 \text{分}$$

所以，雖然沒有充足證據確定「藥物組」學生的表現一定優於「安慰劑組」學生，但我們或許可以由這個事實得知，這個證據並未完全否定這個可能性。

因此，如果這種藥物不是太昂貴而且難以準備，也不是很難找到適當的考試參與者，我們或許可以嘗試以更大的樣本再做一次實驗。另一方面，我們或許也可以決定，即使真的如此，只有2到3分的差異也不值得繼續研究。

我們對差異的決定（以它偶然發生的機率為依據）不能只取決於這個「神奇的」5%或1%位於哪一邊，還要考慮其他**非**統計的因素。

z檢定和t檢定

　　順便一提，目前我們最常談到的顯著性檢定有時稱為**z檢定**（z-test）。這是因為我們以標準差為單位（z單位）來測量臨界區域的起始點（以雙尾檢定為例，2 SD = 5%或$2\frac{1}{2}$ SD = 1%），同時建立它與常態曲線比例的關係。

　　不過這個方法只對**大樣本**準確，當樣本包含的成員少於30個時，樣本的標準差將不適合視為母體標準差的估計值（你或許還記得在第125頁，平均數標準誤差的計算過程就是以這個關係為依據，而這個計算過程是整個架構的基礎）。的確，以「學生」（Student）為筆名發表作品的高斯特（William Gosset）曾經指出，在小樣本中，樣本標準差**低估**母體標準差的機率超過一半以上。

　　因此，在樣本成員少於30個時，必須採用「學生」的t檢定。我不打算說明相關細節，但你未來會碰到這個名詞，所以最好有個概念。

　　事實上，t檢定用的是平均數差異的標準誤差（計算方式和z檢定完全相同，但名稱改成「t檢定」）。不過，對於已知值某一邊的必要比例，我們不稱為常態分布，而改稱為**t分布**（t-distribution，這些比例在數學和統計學表格書籍或網路上都查得到）。

　　t分布和常態分布同樣對稱於平均數0，而且形狀也為鐘

形，但它比較平坦（比較分散），而且離散度隨樣本大小而**改變**。下圖說明樣本成員數為6和20的常態分布和t分布。這裡可以看出，樣本愈大，t分布愈接近常態分布。

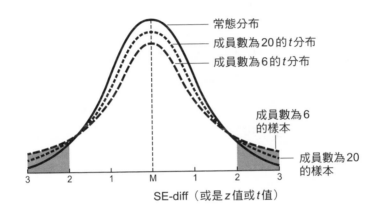

請看上方三條曲線位於2 SE-diff以外的灰色區域。注意每條曲線下方的**極端**差異比例如何隨樣本逐漸縮小而慢慢增大，這表示小樣本比大樣本更容易產生被我們視為顯著的結果。

所以，要確定顯著性為某個水準（例如5%水準），**小樣本**的t檢定必須要求怎樣的差異？

A. 更小的差異

B. 更大的差異

　　樣本愈小，t檢定要求的差異**愈大**。否則由於小樣本較容易出現大差異，出現顯著結果的機率將隨樣本縮小而提高。

　　所以執行t檢定時，如果樣本較小，差異必須較大才能確定為顯著。樣本增大時，確定為顯著的差異隨之縮小。舉例來說，顯著性要達到5%水準，成員數為4的樣本間差異必須超過3.2 × SE-diff，但樣本成員數如果是12，則2.2 × SE-diff的差異就可達到這個顯著性水準。接下來，樣本成員數如果是100，差異更只需要2 × SE-diff。樣本規模這麼大的時候，t分布將和常態分布**完全相同**。

比較數個平均數

　　我們已經知道，如果想檢視兩組樣本是否來自同一母體或不同母體，必須使用z檢定（或t檢定）。但在很多狀況下，我們想知道的是三組以上樣本之間的差異。

　　舉例來說，我們雖然比較「藥物組」學生和「安慰劑組」學生的平均分數，但我們或許還應該比較他們和第三個類別（「對照組」）的平均分數。這個對照組是沒有服用藥物或安慰劑的考生隨機樣本，畢竟，完全沒有參與實驗的考生表現也可能顯著優於（或低於）參與實驗的兩組考生。

　　同樣地，我們或許會想知道三種不同小鼠的學習能力、四種不同的語言學習方法、五種不同的種子發芽條件等等狀況是

否有顯著差異。

乍看之下，你或許看不出其中有什麼問題——我們何不採用 z 檢定或 t 檢定，每次只比較兩組樣本就好？舉例來說，藥物組樣本可以和安慰劑組樣本比較，再和無處方組樣本比較，安慰劑組樣本可以和無處方組樣本比較，總共進行3次顯著性檢定。

同樣地，如果我們要觀察 A、B、C、D 四組樣本之間的顯著差異，應該可以這樣比較：A和B、A和C、A和D、B和C、B和D、C和D，總共做6次檢定。可惜的是，當要比較的樣本數目增加時，樣本比較次數增加的速率更快，六組樣本要進行15次檢定、八組樣本是28次，十組樣本則是45次，以此類推。

我想如果要你一一做完這45次樣本比較，你應該不會很高興（就算有電腦幫助也一樣），尤其是後面我們將會學到，有一種檢定可讓我們在花時間進行比較之前，先查看差異是否存在。

不過還有個更重要的理由讓我們只做一次檢定而不做好幾次。別忘了，如果我們的目標是顯著性為5%水準的差異，從長遠看來，我們**錯誤**否決虛無假設的機率可能有5%。也就是說，由於樣本中的機遇變異，每20次比較就可能有**一次偶然**達到5%的顯著性水準。

所以，我們對一群資料進行 z 檢定（或 t 檢定）的次數**增加**時，對發生**錯誤**的機率會有什麼影響？

A. 提高

B. 降低

C. 沒有影響

我們執行檢定的次數愈多，偶然發生的差異被我們當成真實差異的可能性也愈高。

好，所以執行多次檢定沒有必要。我們可能想到的另一個解決方案是選擇平均數差異最大的兩組樣本進行顯著性檢定（如果差異為顯著，或許可以再選擇差異第二大的兩組樣本執行檢定，直到差異不顯著為止）。

不過，這麼做會使找出顯著差異的可能性異常提高，你可以看出是為什麼嗎？

顯著性檢定只適用於由母體**隨機**選擇的兩組樣本，顯而易見地，如果我們**因為**差異很大而選擇某兩組樣本，就不是隨機選擇了。

說到底，數個差異中最大的一個差異為顯著的可能性顯然

比不確定大小的單一差異高出許多（同樣地，如果只預測下一屆奧運的撐竿跳比賽將打破世界紀錄，命中機率會比預測破紀錄選手的名字高得多）。這個問題就像單尾和雙尾檢定一樣，我們必須**事先**預測可能顯著的差異，才有理由檢定個別差異。

幸好，有一種檢定可以同時比較好幾組樣本，這種檢定稱為**F檢定**（F-test，或稱**f檢定**〔f-test〕）。它的名稱源自發明**變異數分析**（analysis of variance）的英國統計學家費雪（R. A. Fisher），F檢定就是以變異數分析為基礎。

變異數分析可用於比較兩組樣本，在這種狀況下，F檢定的結果和z檢定或t檢定相同。不過變異數分析更常用於有三組以上的樣本要比較的時候，它能解答以下的問題：「這些樣本中是否有一個以上的顯著差異？」如果答案是否定的，就表示不需要進一步檢視這些資料。

變異數分析的計算過程往往相當複雜，儘管如此，這個技巧依然十分重要，所以我必須盡力介紹它的基本概念。

我們運用這個技巧的基本狀況是這樣的：我們手上有一些觀察值，分成三組以上。我們想知道這些觀察值是否不分組別，全都來自同一個母體，或是**至少有一組**觀察值可能來自**不同母體**，我們得出答案的方法是比較各組**內**值的變異性和**不同組間**值的變異性。

這裡需要先提一下，在這個關係中，F檢定的假設和t檢定（或z檢定）類似。這個假設是：樣本的離散度**全都**類似。

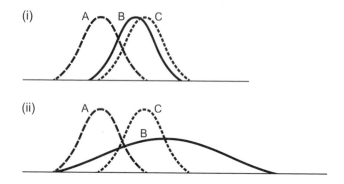

在上面兩種狀況中，哪一種適合使用變異數分析（F檢定）？

　　狀況（i）適合使用變異數分析，在這個狀況中，所有樣本的離散度大致相同。狀況（ii）**不適合**使用變異數分析，因為有一組樣本的離散度相差很多。

　　現在用範例說明變異數分析，我們採用極端的例子來指出重點。我們已經對三組學生進行檢定，其中（A）組學生服用記憶藥物、（B）組學生服用安慰劑、（C）組學生什麼都不服用。他們的考試分數（滿分30分）呈現如下的型態（有點令人驚訝！）：

A組	B組	C組
21	11	1
23	13	3
25	15	5
27	17	7
29	19	9

比較各**組內**分數的變異性和**各組間**的變異性，你是否認為其中有一或多組與其他組顯著不同？

　　各組內分數的變異性很小。每個成員都一樣，分數和25分、15分和5分的組平均數之間的差異不超過4分（事實上每一組的標準差是3.16分，*代表取得這些樣本的母體的標準差相似）。

　　不過，各組間的分數差異顯然比組內多出許多。各組之間沒有重疊，A組的分數全都是二十多分，B組是十多分，C組

---

*　由於這些樣本都相當小，把由平均數得出的偏差平方的總和除以樣本成員數（這個例子是5）將會低估母體標準差，所以習慣上會除以樣本成員數減1，在這個情況中就是除以4。

是個位數。事實上，這三組樣本平均數（25、15和5）的標準差（標準誤差）是10。*

從這個標準誤差可以得知，要讓這幾個平均數都來自同一組樣本平均數母體，這個母體的標準差必須是22左右，但這個數字遠大於**各組內**的變異性指出的母體標準差，所以我們相當肯定這三組彼此顯著不同，也就是來自不同的母體。

這表示我們可以預測類似情況下各組的差異將會相似。我們可以預測，平均來說，服用記憶藥物的學生表現優於服用安慰劑的學生，而且兩者表現都優於不服用任何藥物的學生。

所以變異數分析是比較各**組內**值的變異性和**各組間**值的變異性。在上面這樣的例子中，我們不需要運用變異數分析，因為答案已經自己出現了。我們依照變異數分析的邏輯來簡短看看另一個例子，這個例子同樣很簡單，但沒那麼明顯。

假設三組考生的分數如下（比較含糊不清）：

A組	B組	C組
25	24	20
27	24	22
28	26	24
30	28	24
30	28	25

現在沒有那麼容易比較組內和組間的變異性，我們沒辦法一眼就看出這三組之間的差異。

> 不過如果仔細檢視分數，應該就能看出各組的平均數是多少。那麼，哪一組最大，哪一組最小？

三組的平均數分別是 A－28、B－26、C－23。這些平均數的差異（考慮這些資料的變異性）是否足以指出它們來自一個以上的母體？變異數分析可以告訴我們這點。

我們一開始提出的虛無假設是三組樣本都來自相同母體，對立假設是三者**並非**都來自相同的母體。也就是說，可能有一組樣本與另外兩組樣本來自平均數不同的另一個母體，或是三組樣本都來自平均數不同的母體。

另外，依據現有的資料，我們可以對虛無假設中共同母體的變異性提出**兩個不同的估計值**，並依據這兩個估計值的接近程度，決定接受或否決虛無假設。

由於運算上的理由（這裡不仔細說明），這個變異性不是以標準差表示，而是以標準差的平方數表示。你或許還記得

---

* 　同樣地，我把整體平均數得出的偏差平方的總和除以平均數樣本的 3 個成員數減 1，也就是除以 2。

（在第71頁），這個變異性稱為**變異數**，所以 $V = SD^2$。

我們得出**第一個**母體變異性估計值的方法是集合來自三組**樣本內**的變異性，計算結果顯示樣本內的平均變異數是4.17。

第二個母體變異性估計值來自三組樣本平均數，這三者之間的變異數只有6.33，但如果它們都來自同一個母體，則**它的**變異數一定大得多。事實上，藉助SE平均數（可由樣本平均數直接算出）、樣本SD和樣本大小（第124頁曾經看過）三者之間的關係，可以估計出母體變異數是31.65。

所以現在我們有兩個虛無假設中共同母體的變異數估計值，要評估虛無假設，我們必須比較這兩個估計值。

如果要**否決**虛無假設（也就是說樣本來自不只一個母體），在兩個變異數估計值間，你認為哪個比較大？
A. 各組內的估計值
B. 各組間的估計值

如果虛無假設不成立（代表母體平均數有實際差異），則（B）各組間的變異數估計值應該會大於各組內的估計值。也就是說，它代表的變異性將大於各組內變異數代表的純粹抽樣變異。

在這種狀況下，各組間的母體變異數估計值（31.65）顯

然比各組內的（4.17）大得多，但它是否**足以**讓我們有把握地認為它不只歸因於隨機的抽樣變異，還可歸因於至少有一組樣本的值比其他樣本顯著較大或較小？（簡而言之，我們想知道這些樣本間的差異是否**可靠**，因此可以預期類似檢定會有相同的結果。）

接著我們比較這兩個估計值，把各組間估計值除以各組內估計值，計算兩者之比，並觀察比率是否大於1。

接著比較這個變異數比（或稱**F值**〔F-ratio〕）和**F分布**（F-distribution），這是一「群」曲線，如同*t*分布一樣，形狀依樣本而不同。不過，F曲線不僅依樣本**大小**而變，也依要比較的樣本**數目**而變。一般說來，樣本愈小（及／或數目愈少），F值就必須愈大，才能確保顯著性。

F分布表列出各種樣本大小和樣本成員數的臨界比（critical ratio），在網路上很容易找到。查閱這類表格可以發現，以各包含五名學生的三組樣本而言，F值至少要有3.89，顯著性才能達到5%，至少要有6.93才能達到1%的顯著性水準。

我們的兩個母體變異數估計值的F值是：

$$\frac{31.65}{4.17} = 7.50$$

顯然已經超過6.93，因此代表兩個估計值顯著不同並達到1%水準。

我們應該如何解讀這個差異？

A. 三組樣本都來自相同的母體

B. 樣本不全來自相同的母體

C. 三組樣本都來自不同的母體

　　我們不可能確定三個樣本平均數都顯著不同或是否有兩個相同，唯一能確定的是（B）樣本不全來自相同的母體，因此否決了虛無假設。

　　我們已經看過以上的範例，變異數分析這種技巧的用途是分析一組樣本的整體變異數。變異數分成樣本內變異數和樣本間變異數兩個部分，如果樣本間的變異數估計值遠大於樣本內的變異數估計值，我們可以斷定一般抽樣變異不足以解釋平均數的差異，因此至少有一組樣本來自平均數不同的母體。

　　變異數分析可用來執行比剛才的範例複雜許多的比較，前面的狀況是**單因子變異數分析**（one-way analysis of variance），但我們還可進行雙因子、三因子、四因子等等變異數分析。

　　關於**雙因子**（two-way）變異數分析的範例，我們可以重新舉行一次考試（但採用更大的樣本）。分數不僅依據服用藥物、安慰劑或未服用分組，還依照男性和女性分組。

　　因此這樣共有六組學生，每一組可能有不同的平均考試分數，結果可能如下：

	藥物組	安慰劑組	未服用組
男性	25	26	22
女性	28	22	25

　　觀察各組內和各組間的變異性，可以探討男性和女性平均數間是否有顯著差異，以及原本比較的三種狀況間是否有顯著差異。

　　我們或許也能把參與考試的學生分成內向或外向，執行三因子變異數分析。（因此我們需要分成 $3 \times 2 \times 2 = 12$ 組，確保樣本規模夠大。此外，如果想對實驗產出的資料進行變異數分析，我們顯然也必須非常仔細地計畫實驗。）

　　最後在變異數分析方面，我們或許會發現，進行雙因子和三因子等分析時，我們可以尋找不同狀況間的**交互作用**（interaction effects）。舉例來說，在上面的表格中，我們會發現學生的考試表現不僅受考前的經歷影響，也受自身性別影響。如果我們加入人格因素，或許會發現內向男性對記憶藥物的反應比較接近外向女性，而和外向男性比較不像等等。依據學生的各個因素分析學生分數的整體變異數，我們可以藉此檢定看來值得研究的各種假設。

比較比例

在這一章的結尾，我必須介紹一種非常重要的顯著性檢定，這種檢定可以用在探究類別變數而非數量變數（也就是我們關注的不是樣本中每個成員的數量測定值，而是計算有多少成員屬於數個描述性類別之一），也就是我在第166頁提過的「非參數」檢定中的一種。

最簡單的比較看的是只有兩種類別的特質，例如男性／女性、是／否、及格／不及格、平淡／華麗等等。舉例來說，某個特質可能是大學申請者的性別，另一個特質可能關於申請者以往是否有工作經驗（依問卷內容而定），接著我們或許可以檢驗以往有工作經驗的男性和女性比例之間是否有顯著差異。

事實上，我們可以採用第133頁的統計量來檢驗這類差異的顯著性，這個統計量就是某個**比例**的標準誤差。有一種檢定可以用來檢驗兩個比例之間差異的顯著性，這種方法相當類似我們用來檢定兩個平均數差異的方法。

不過這裡我想介紹另一種方法，這種方法可以用來處理具有兩個類別以上的屬性。它其實是社會統計學中最常使用的檢定方法之一，稱為 χ^2 **檢定**（ χ^2 test，那個字母不是大寫的 X，而是希臘字母 chi，發音為 kye），有時也會寫成**卡方檢定**（chi-square test）。

我們怎麼使用這種檢定來比較男性和女性大學申請者的工

作經驗？以下是我們由申請者的隨機樣本取出的資料，兩個性別各100人：

有工作經驗的申請人：實際出現次數

	是	否	總數
男性	70	30	100
女性	50	50	100
總數	120	80	200

> 你認為兩個性別之間的差異（在個人以往是否有工作經驗方面）是否**顯著**？

表格確實呈現出相當明顯的差異。70%的男性有工作經驗，女性則為50%。

然而，我們必須決定這是否代表男性和女性申請者在母體中的比例有真實可靠的差異，我們是否能確定這不只是偶然和抽樣變異，如果我們取得另外200名申請者的樣本，這個差異可能就會消失甚至逆轉？

一如往常，我們先從提出虛無假設開始，也就是男性和女性申請者以往有工作經驗的機率**相同**。我們依據這個虛無假

設，畫出**期望次數**（expected frequencies）表格。這個表格說明，如果這200名學生有工作經驗的機率確實相同，那麼我們**預期**應該有多少學生屬於中間四個格子中的哪一格。

　　如果要斷定男性和女性間的這個屬性確實有差異，就必須證明**期望**次數和**實際**次數間的落差太大，不可能純粹出自抽樣變異。

　　那麼我們期望的次數是多少？如果這200名學生確實沒有性別差異，人數應該會怎麼分配？沒錯，我們預期會看到有工作經驗的男性比例等於有工作經驗的女性比例，兩者相加應該等於樣本中有工作經驗的比例總和，也就是60%。

期望次數

	是	否	總數
男性	?	?	100
女性	?	?	100
總數	120	80	200

　　我們從樣本得知，所有申請者中有60%（200人中的120人）有工作經驗。所以如果這個比例對男性和女性而言都成立，中間這四格應該填入多少數字，才能符合預期？

　　我們預期每100名男性中有60人有工作經驗，40人沒有，100名女性也相同。

期望次數

	是	否	總數
男性	60	40	100
女性	60	40	100
總數	120	80	200

　　現在我們把期望（E）和實際（O）次數放在一起，看看差異是多少，差異愈大，出自單一母體的機率愈小。

期望次數（E）與實際次數（O）

	是	否
男性	O = 70	O = 30
	E = 60	E = 40
男性	O = 50	O = 50
	E = 60	E = 40

　　這裡可以看出，每一格的實際和期望次數差異是 +10 或 –10。這個差異是否足以稱為顯著？我們決定的方式是計算

卡平方，χ^2取決於差異大小和差異出現的次數。

我們不需要知道如何計算——我已經計算好了，以上面的資料而言，χ^2等於8.33。如果實際和期望次數的差異更大，則卡平方值將會大於8.33（如果類別更多也會如此）。另一方面，差異較小時，χ^2將會小於8.33。但是同樣地，8.33是否大到足以稱為在統計上顯著？

現在你應該不會感到驚訝了，我們要從說明卡方分布的表格（線上或書籍）中尋找答案。

卡方分布和t分布或F分布同樣是一群曲線，它們的形狀依包含的差異數量而改變（概略地說）。我們查找包含四種差異的卡方分布表，發現χ^2超過3.84的機率只有5%，χ^2為6.63的機率只有1%。

所以我們找出的χ^2為8.33是否顯著？如果是，顯著性水準是多少？關於男性和女性申請者的可能工作經驗，這個結果指出了什麼？

我們得出的卡平方值是8.33，顯然已經超過3.84（5%的截止點），也超過6.63（1%的截止點），因此我們可以說它當然具有1%水準的顯著性。如果男性和女性申請者以往有工作經驗的機率確實相同，這麼大的值出現的機率應該不到1%，

所以我們可以否決虛無假設，斷定（而且有99%的信心！）差異確實存在，而且我們可以相信類似樣本中仍然會出現這個結果。

　　顯著性檢定到這裡應該談夠了，你一定覺得這兩章有點困難。下面一章和最後一章應該會容易得多，我們將在這兩章介紹統計學中相當重要的兩個概念——相關和迴歸。不過你將會發現，這兩章會讓我們有機會複習許多先前談過的概念。最後我會在〈結語〉中總結這本書中介紹過的所有主要概念，同時提出幾個關於巧妙運用這些概念的點子（而且你再也不用回答任何問題了）。

第 8 章

分析關係

　　在前面幾章中，我們已經探討過如何以某種類別或數量變數描述樣本，也探討過如何由樣本類推到母體（但必須適當謹慎），此外，我們還比較過樣本，用於推論母體間的差異。尤其是我們學會如何斷定兩組以上樣本的某個變數不同時，其他變數是否**同樣**有顯著誤差，舉例來說，我們知道如何使用卡平方，並用它證實在準大學生以往是否有工作經驗方面，兩個性別之間是否有顯著差異。我們了解了 t 檢定（和 z 檢定）的用法，例如確定來大學上課的交通時間多於平均值的學生，缺席率是否高於交通時間少於平均值的學生。

　　不過這些比較純粹只是確立關聯，它們告訴我們學生的普遍狀況，但無法讓我們提出關於個人的精確預測。這是因為把資料簡化成二分法（例如高於／低於平均、及格／不及格等），同時以一個「典型」的平均數代表一群值時，將會流失

許多資訊。事實上，我們目前討論過的程序主要適用於**探索性**研究（exploratory research），也就是找出互有關聯的變數。

但我們想做的經常不只如此，我們想證實兩個或多個變數之間關係的性質，由於某些理由，我們或許還希望提出**預測**。舉例來說，已知某個學生有許多個月的工作經驗，她在一年級考試中可能會拿到幾分？另外，已知另一位學生住得離大學相當遠，他在學期中可能會遲到幾次？或者同樣地，已知有一名學生的心率是每分鐘若干次，這個人的血壓可能是多少？甚至，已知不同的人的吸菸量或運動量，他們的壽命可能多長？

此外，在這些狀況中，預測的準確度將取決於關係的**強度**，因此我們必須研究**相關**（correlation）和**迴歸**（regression）。相關探究兩個變數值之間的關係**強度**；迴歸分析可判定這個關係的**性質**，讓我們能以這個關係進行預測。

成對值

研究相關時，我們會觀察樣本，樣本中的每個成員提供具有**兩個**（或以上）不同變數的值。舉例來說，我們可能會測試30名學生的智力和手部靈巧度，因此會有30**組**值；我們可能會比較美國前20大城市的犯罪率和失業率；我們也可能會比較100顆恆星的距離和亮度。

在每個例子中，我們都想了解某個變數的值增大是否伴隨另一個變數的值增大，或是某個變數的值增大是否伴隨另一個變數的值縮小。

所以，我們從樣本中的每個成員取得兩個量測值。先舉一個明確的例子：假設樣本包含數個半徑不同的圓，我們知道每個圓的半徑和圓周。

圓	A	B	C	D	E
半徑（公分）	1	3	5	8	10
圓周（公分）	6.28	18.85	31.42	50.27	62.84

我們如何描述這兩個變數之間的關係？一個變數的值增加或減少時，另一個變數的值有什麼變化？

顯而易見地，半徑增加時，圓周長度隨之增加。一個變數的值增大伴隨另一個變數的值增大，減小伴隨減小。變數一同變化時稱為「相關」，也就是兩者彼此有關。

我們可以在一種新的圓點圖上標出這些值，說明這個關係的確切性。後頁圖上的每個點代表一個樣本成員，每個成員有兩個量測值。

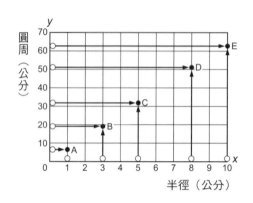

如果你仔細觀察，會發現它**結合**了兩張類似我在第三章用來說明分布的圓點圖。為了清楚說明，我在橫軸標上半徑大小的分布，在縱軸標上圓周，接著我把它們分別向上和向右畫，呈現**成對**值（paired values）的組合分布（請注意我們習慣上稱橫軸為x軸、縱軸為y軸）。

我們確定某個關係確實存在後，就可量化這個關係的精確性質，用它來預測一個變數的任何已知值對應到另一個變數的值。在圓的範例中，你應該已經知道半徑（r）和圓周（C）的關係是一個公式（$C = 2\pi r = 2 \times 3.142 \times r$），所以我們只要知道任何一個圓的半徑，就能**確切**地「預測」它的圓周長，例如當圓的半徑是20公分時，圓周長是 $2 \times 3.142 \times 20 = 125.68$ 公分。

關係的確切性可從上面的圖中看出，標出的點位於想像的直線上。如果我們真的畫一條線通過這些點，甚至不用公式，

就能用這條線來提出確切的預測。只要沿著這條線向左或向下看，就能看出任何半徑對應的圓周長，反之也是如此。

然而，大多數相關沒有那麼明確，因此預測也不可能那麼準確。假設我們採集包含十名學生（A–J）的樣本，比較他們兩次考試的分數，一次是學科、一次是術科：

學生	學科	術科
A	59	70
B	63	69
C	64	76
D	70	79
E	74	76
F	78	80
G	79	86
H	82	77
I	86	84
J	92	90

你看得出這幾組分數有什麼關係嗎？學科分數高伴隨術科分數高還是低？是一定還是通常？

　　除了幾個例外，學科分數高的學生，術科分數也很高。不過從原始資料不大容易看出這個型態，我們來試著用圓點圖找出關係：

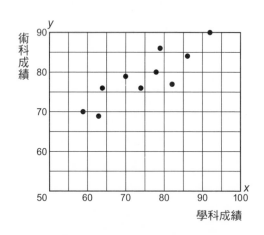

> 舉例來說，圖中最右上角的圓點代表這十名學生中的哪一位？

　　最右上角的圓點代表 J 學生，分數是 92（學科）和 90（術科）。為了確認，我在下面的圖中把每個圓點的「主人」標在旁邊。此外我還畫了一條直線通過這些點，稍後我會說明。

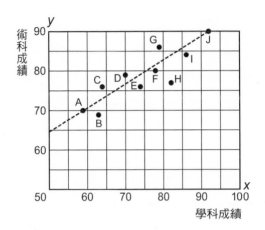

上圖比表格更清楚地呈現，學生的兩次考試分數之間**有**某種關係。較高的術科成績通常伴隨較高的學科成績，較低則伴隨較低，不過也有例外。這個關係（相關）比圓的半徑和圓周長之間的關係弱了許多，因為相關較弱，所以圓點沒有落在直線上。

無可否認地，如同我在這張圖上的處理一樣，我們可以「想像」一條直線從左下到右上，通過這些圓點（附近），但這些點會**分散**在這條直線附近，兩邊各有一些。

事實上在呈現相關的圓點圖中，這種狀況相當常見。圓點通常是分散的，所以這類圓點圖稱為**散布圖**（scatter diagram）。

三種相關

上頁的學生分數散布圖呈現的例子稱為**正相關**（positive correlation），在這種狀況中，一個變數的變化帶動另一個變數朝**相同**方向變化，也就是說，一個變數的值增大使另一個變數的值隨之增大。

但在許多相同強度的關係中，兩個變數的變化方向相反，一個變數的值增大將使另一個變數的值減小，這種狀況稱為**負相關**（negative correlation）。舉例來說，在一群大學講師中，年齡和跑步速度很可能就是負相關，也就是年紀愈大跑得愈慢、年紀愈小跑得愈快。

如果一個變數的值朝特定方向（增大或減小）移動時，沒有明顯帶動另一個變數的值改變，我們或許會說它趨近**零相關**（zero correlation，這裡說「趨近」是因為我們很難找出兩個有關聯的變數完全沒有關係），成年學生的年齡和體重很可能就是零相關。

> 請看右頁三張散布圖，這三張圖呈現前面說明的三種相關，但哪種是哪種？

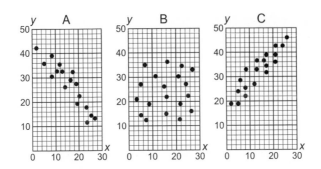

上方三張散布圖分別是（A）負相關、（B）零相關和（C）正相關。

現在我們來判定以下幾組變數之間的相關性質，請判斷以下各組變數是正相關（+）、負相關（−）或零相關（0）。

i. 戶外活動的降雨量和參與人數

ii. 車輛的年齡（「古董車」除外）和價值

iii. 教育程度和年收入

iv. 某一段期間內的個人多媒體裝置銷售量和電影院觀影人數

v. 每個人的電話號碼和智商

vi. 某一段期間內的失業率和消費支出

vii. 行駛里程和燃料消耗量

viii. 吸菸量和肺炎病例

ix. 兩顆骰子同時擲出時各自的點數

　　我認為這些相關的性質如下：（i）−、（ii）−、（iii）+、（iv）−、（v）0、（vi）−、（vii）+、（viii）+、（ix）0

相關強度

　　前面我曾經提過，相關不僅有方向的差別（正或負），也有**強度**的差別。我們曾經看過的半徑和圓周長之間是最強的關係，也就是**完全**關係（perfect relationship）。在這種關係中，「散布」圖上的圓點位於一條**直線**上。

　　同樣地，完全負關係當然也存在，例如我們從銀行提領的金額大小和帳戶的餘額。在這種關係中，「散布」圖上的圓點同樣位於一條直線上。

　　然而，統計查詢中不可能出現完全相關（雖然在數學和科學理論中經常出現）。我們需要應付的關係通常比較弱，這類畫在圓點圖上的點都跟直線有點距離。也就是說，一個變數的值大致上隨另一個變數的值改變（增加或減少），但**不是**非常精確。

　　因此大致來說，畫出的圓點愈接近直線，關係愈強，相關程度也就愈高（相關程度愈高，我們知道一個變數的值之後，也愈有把握預測另一個變數值）。

以下三幅散布圖中，哪一幅的相關程度**最高**？

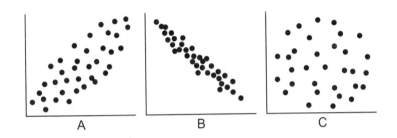

　　相關程度最高的是 B，圖中的點距離**直線**最近。在 A 中，圓點散布得比較開。在 C 中，圓點更分散，看不出直線在哪裡，代表這些圓點是零相關。

　　所以散布圖中的散布程度可讓我們大致得知相關強度，但要用來執行真正的統計工作，需要更精確的東西，我們需要一個數值量數，也就是一個數字、指數或係數，在相關極強時最大，而在相關極弱時減到最小。這樣的指數確實存在，稱為**相關係數**（correlation coefficient），通常以字母 r 代表。

　　相關係數和平均或離散量數一樣是**統計量**，它協助我們描述樣本，在這個例子中是兩個不同變數的成對值，相關係數負責量度成對值接近直線的程度。

　　事實上，相關係數有好幾種（你應該還記得這是因為，平均和離散量數也有好幾種），最常用的一種稱為**積差相關係數**

（product-moment correlation coefficient），這個名稱源自它的數學起源，但這裡暫不介紹。相關公式考慮了（a）每個值與本身分布的平均數差異、（b）兩組分布的標準差，以及（c）成對值的組數。

另外也有產生**排序相關係數**（rank correlation coefficient）的**非參數**公式，它能在測量值不存在（或不可靠）時使用，尤其是樣本成員純粹依照兩個類別變數排列的時候。每一對的等級關係愈近，相關係數愈大。

不過依據公式，相關係數（r）不能位於 +1 和 −1 的範圍之外，這兩個 r 值分別代表完全正相關和完全負相關，$r = 0$ 時則代表完全沒有相關，相關係數愈接近 +1 或 −1，相關愈強；愈接近 0，相關愈弱。

完全 負相關		負相關		零相關		正相關		完全 正相關
−1	強	−0.5	弱	0	弱	+0.5	強	+1.0

因此 $r = +0.73$ 的關係比 $r = +0.45$ 強，而 $r = −0.84$ 則比兩者都強。第 215 頁的散布圖中，三個相關的係數分別是（A）$r = −0.67$、（B）$r = $ 近乎 0、（C）$r = +0.95$。

現在請看右頁的三幅散布圖。

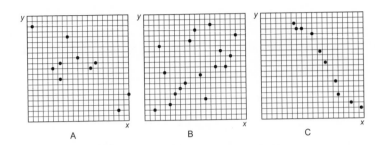

三個相關係數的大小分別是0.98、0.58和0.47，但每個係數各屬於哪張圖，以及每個係數各是什麼符號（＋或－）？

　　上方每個關係的相關係數是：（A）$r = -0.58$、（B）$r = +0.47$、（C）$r = -0.98$。我們可能要花一點時間研究（A）和（B）哪個比較分散，事實上，這是散布圖的某種先天限制，相關小於$r = \pm 0.5$時，我們很難用肉眼判斷分散程度的差異。

相關係數的顯著性

　　所以相關係數可描述來自兩個不同變數的值之間的關係強度和方向，但是當然了，這是對樣本而言。舉例來說，我們或許會發現在包含49名學生的樣本中，遲到和到校通勤時間的相關$r = +0.80$。

　　不過現在我們已經相當熟悉統計學的特性，立刻就知道如果再取得一組包含49人的樣本，這組樣本的相關係數幾乎不可能正好是+0.80。舉例來說，我們可能會得出+0.75或+0.89，這都要歸因於抽樣變異。所以我們不可能從描述跳到推論，說整個母體也是 $r = +0.80$。

　　樣本 r 可以視為母體 r 估計值的可信程度取決於兩個因素，第一個因素是係數的**數值大小**，數值愈大，出於偶然的可能性愈小。舉例來說，如果有組樣本的 $r = -0.95$，大致就可確定兩個變數確實是負相關（但不一定這麼強）。另一方面，如果發現 $r = +0.10$，那麼另一組樣本的 $r = 0.0$ 甚至 $r = -0.10$（關係的方向逆轉）也不大令人驚訝。

> 因此係數的數值大小是決定可靠性的兩個因素**之一**，你可以說出另一個因素是什麼嗎？

　　另一個因素是樣本大小，我們從樣本取出的成對值愈多，在其他樣本（和整個母體）中看到類似相關的可能性愈高。

　　我們可以用這兩個因素來計算**相關係數的標準誤差**（standard error of the correlation coefficient，對這個統計量而言，標準誤差代表樣本的相關係數假設次數分布的標準差，樣本為一定大小且取自同一母體）。

　　我們可以藉此估計相關係數的SE，方法是先得出相關係數平方數，以1減去這個平方數，再把結果除以樣本中成對值組數的平方根。

　　所以，相關係數+0.80出自包含49對成對值的樣本時，其標準誤差是：

$$SEr = \frac{1-(+0.80)^2}{\sqrt{49}} = \frac{1-0.64}{7} = \frac{0.36}{7} = 0.05$$

　　從上面的計算過程可以看出，如果相關係數增大，1要減去的數字也會**增大**（也就是說會大於0.64）。這代表要除以樣本大小平方根的數字會**比較小**（小於0.36），因此，係數數值大小的**標準誤差**也會**比較小**。

　　同樣地，樣本愈大，用來當除數的平方根愈大，標準誤差就愈小。

　　這代表什麼？這代表如果我們持續從同一個母體取得包含49對的樣本，探討遲到和通勤時間的關係，可以預期我們將會發現其中大約有68%的相關係數位於$r \pm 1\ SEr$的範圍內（也就是+0.80 ± 0.05），r的值將介於+0.75和+0.85之間。

　　此外，大約有95%的係數將介於$r \pm 2\ SEr$之間（也就是+0.80 ± 0.10），約有99%的係數將位於+0.80兩邊各$2\frac{1}{2}\ SEr$之內（也就是+0.80 ± 0.125）。後面這兩個範圍分別是我們找出的相關係數的95%及99%**信賴區間**。

總而言之，我們可以：

- 68%確定母體 r 介於 +0.75 和 +0.85 之間
- 95%確定它介於 +0.70 和 +0.90 之間
- 99%確定它介於 +0.675 和 +0.925 之間

如果我們想接近完全**確定**（99.7%）涵括母體的正確相關係數，應該說它位於 r = +0.80 ± **幾個** SEr 的範圍內？

　　母體的正確相關係數（就像母體的真實平均數）有99.7%確定位於樣本統計量的3個標準誤差內，在這個例子中是位於 + 0.80 ± (3 × 0.05) 的範圍內。所以樣本 r 為 +0.80 時，取得樣本的母體的真實相關係數幾乎不可能小於 +0.65 或大於 +0.95。

　　這個相關係數的數值高達 +0.80，又來自包含49對的樣本，所以我們不大需要質疑這個關係是否真實，它不大可能在真實 r 為 0（或 0 左右）的母體中偶然出現。

　　然而，如果樣本 r 很小，我們就不可能這麼確定。舉例來說，假設我們發現這組樣本的 r = +0.10，如此一來，標準誤差將是：

$$\frac{1 - (+0.1)^2}{\sqrt{49}} = \frac{1 - 0.01}{7} = \frac{0.99}{7} = 0.14$$

　　顯而易見地，這組樣本相關係數很容易就能出現在 $r = 0$ 的母體中。這個標準誤差其實大於相關係數，即使範圍是 $r \pm 1\,SE_r$，也就是 r 的值可能介於 -0.03 和 $+0.23$ 之間（涵括這類樣本 68% 的相關係數），也能同時涵括正相關和負相關，進而逆轉這個關係！

　　在這個例子中，我們沒有把握能找到可靠的關係，雖然它確實存在於樣本中，但母體中可能沒有。

　　如果想指出我們表示已經找到真實關係的確定程度，可以執行**顯著性檢定**（事實上，有一種 t 檢定方法是以樣本的相關係數數值大小和樣本大小算出 t 值，再查找上一章提及過的 t 分布表）。

　　你認為在檢定相關的顯著性時，虛無假設應該是什麼？

　　這個虛無假設應該是母體中沒有關係，因此我們應該假設母體 $r = 0$。

　　如果母體 r 確實是 0，它應該是常態分布，標準誤差是：

$$\frac{1 - (0)^2}{\sqrt{樣本大小}} = \frac{1}{\sqrt{樣本大小}}$$

　　所以，由這樣的母體取得的樣本中，大約有95%的樣本 r 位於0兩邊的2個標準誤差之內，大約有99%的樣本位於 $2\frac{1}{2}$ 個標準誤差之內。因此藉由粗略的檢定（比 t 檢定稍微容易造成型二錯誤），我們可以說樣本相關係數為顯著的信心是：

　　如果大小（＋或－）超過 $2 \times \dfrac{1}{\sqrt{樣本大小}}$，信心為5%水準

以及

　　如果大小（＋或－）超過 $2\frac{1}{2} \times \dfrac{1}{\sqrt{樣本大小}}$，信心為1%水準

　　因此，在包含49組成對值的樣本中，顯著性要達到5%水準，相關係數必須大於：

$$\pm \frac{2}{\sqrt{49}} = \frac{2}{7} = 0.29（＋或－）$$

　　要達到1%水準，相關係數必須大於：

$$\pm \frac{2.5}{\sqrt{49}} = \frac{2.5}{7} = 0.36（＋或－）$$

　　毫無疑問，這個+0.80相關係數的顯著性不僅達到5%水準，也達到1%水準（這麼大的相關係數出自真實 $r = 0$ 的母體的機率顯然遠小於1%）。同樣顯而易見地，0.10相關係數的顯著性沒有達到這兩個水準。

> 假設我們計算25名學生樣本中身高與體重的關係，相關係數必須多大，才能讓我們相信這個關係的顯著性達到5%水準？

　　相關係數要達到顯著，必須大於

$$\pm \frac{2}{\sqrt{25}} = \frac{2}{5} = \pm 0.40$$

顯著性要達到1%水準時必須大於：

$$\pm \frac{2.5}{\sqrt{25}} = \frac{2.5}{5} = \pm 0.50$$

解讀相關係數

　　先前我們已經知道，一個統計量可能很「顯著」，但以日常標準而言不強也不重要，相關係數同樣也是如此，一個相當

小的 r 值如果來自足夠大的樣本，也可能顯著。舉例來說，在包含 1,000 對的樣本中，相關係數為 ±0.08 時，顯著性可能是 1% 水準。這可能會使許多人好奇，決定相關強弱的因素是什麼，甚至可能會問，相關什麼時候可以視為「滿足」？

如果你還記得我們曾經在討論中質疑為顯著性水準添加文字標記的用處，就知道我不大支持為相關添加文字描述。但以下是某些科學家可能添加在特定範圍的相關係數的標記，純粹當成參考（當然不分正負）：

0.0 到 0.2 非常弱，可以忽略

0.2 到 0.4 弱、低

0.4 到 0.7 中等

0.7 到 0.9 強、高、明顯

0.9 到 1.0 非常強、非常高

那麼另一個問題，也就是什麼因素決定相關水準是否「滿足」？這個問題就像問身高多高才能令人滿足一樣好笑，因為這完全取決於實際狀況。對成為騎師或芭蕾舞者而言滿足的身高，對成為籃球選手或網球冠軍而言可能就不夠了。同樣地，在某些狀況下，很小的相關或許就已經相當滿足，但在其他狀況下，很高的相關都未必一定滿足。不過或許在大多數狀況下，「滿足程度」這個問題完全無關緊要。

請看以下這三個例子：

　i. 一位社會學家確定某個城鎮中男性和女性結婚年齡的
　　相關係數為 +0.65。

　ii. 我們設計的數學測驗遭到批評，原因是測驗中要求學
　　生閱讀題目的文字說明，因此文字能力較強的學生擁
　　有優勢。為了檢視這個批評的正確性，我們讓一組學
　　生樣本試考這個數學測驗以及文字能力測驗，算出兩
　　個分數之間的相關係數，結果接近 0。

iii. 有人提出一種測定土壤酸度的新方法（因此應該比較
　　可靠）。我們以舊方法和新方法分別檢驗不同土壤的
　　樣本，得出兩組成對值，第一組以舊方法和新方法測
　　定每種土壤的酸度值，第二組的測量方法相同但時間
　　稍晚一些。接著我們觀察每種方法第一次和第二次測
　　量值之間的相關性，舊方法兩次測量之間的相關性是
　　+0.97，新方法兩次測量之間的相關性是 +0.90。

在上面幾個例子中，讀者認為這些相關應該視為滿足或不
滿足？為什麼？

　在（i）中，我們找出的（或可能找出的）相關視為滿足

或不滿足都無關緊要，這項資料只是事實。在（ii）中，相關（或沒有相關）應該視為滿足，因為它指出數學測驗並未受文字能力測驗「污染」。在（iii）中，使用新方法進行第一次和第二次測量間的相關性雖然很高，但和舊方法的相關性相比之下還不夠高。

所以兩個變數值間的相關是事實，無論我們視它為強或弱、滿足或不滿足，都只是解讀上的問題。

另一種解讀上的問題發生在我們想知道某個變數是否造成或決定另一個變數的時候，但相關不等於因果，如果X和Y變數相關，可能是因為X造成Y或Y造成X，或是其他變數同時影響X和Y，也可能是這幾個原因同時存在，還有可能整個關係完全是巧合。

舉例來說，假設某個人指出成人的智力測驗分數和受教育時間之間有很強的正相關，這是否代表智商「被教育決定」？（換句話說，我們可以說一個人受教育的時間愈長，可以預期智商會變得愈高？）

有可能，但這個關係也可能相反，一個人的智商愈高，自己選擇（或允許）受教育的時間愈長。如果確實如此，則應該是智商「決定教育」。

也可能是這兩個變數（成人的智商和讀書年限）同時由其他變數決定，例如雙親的聰明程度。也就是說，雙親愈聰明，小孩就可能愈聰明，雙親也愈可能鼓勵小孩多受教育。如果真

是如此，則 X 和 Y 彼此相關的原因不是一者決定另一者，而是其他變數 Z。

我們再看一個例子：有人指出小孩的手和字體好看程度之間有很強的正相關。

你會如何解釋？你會說：

A. 手較大時，握筆比較穩定。

B. 練習寫字使手變得比較大。

C. 還有其他變數（如果有，會是什麼變數？）

當然是（C）還有其他變數同時影響手的大小和字體好看程度，這個變數就是年齡。

但是這個「尋找失落變數」的遊戲通常都徒勞無功，原因可能是這個關係純屬巧合。舉例來說，1866 年到 1911 年間在教堂舉行婚禮的比例和死亡率之間有很強的正相關，也就是說，民眾較常在教堂舉行婚禮（而不是公證結婚）的那幾年，死亡率也高於在教堂舉行婚禮比例較低的幾年。

要找出解釋可能得花不少腦筋，在教堂舉行婚禮會使人死得比較早嗎？還是經常聽說有人去世，使民眾比較想在教堂舉行婚禮？或者是（不可思議地）決定在教堂舉行婚禮的人不知為何都比較衰弱，所以更容易去世？

　　當然這些解釋都是胡扯，這兩個變數之間沒有關係，它們的共通點就只有兩者都在這段期間內逐漸下降。在1866到1911年間，醫療科學和公共衛生進步，降低了死亡率，而宗教的影響力降低，所以認為必須在教堂舉行婚禮的人減少。

　　事實是，任何兩組整體趨勢為增加或減少的數字，如果視為成對，都可能呈現**某種**相關，但兩個變數之間未必有合乎邏輯的關聯。

　　相關（這是數學關係）不可能證明因果關係，它只能**支持**我們認為合乎**邏輯**的解釋。如果在採集資料**之前**就曾經用這個解釋來預測相關，這個解釋會更加有力。

　　因此，相關通常用在檢驗理論的第一階段。科學家檢視兩個以上變數彼此之間是否密切相關，就能確定什麼因素能解釋和控制想研究的變數。

　　最初以這種方式檢驗的一種理論，是人類繼承雙親的身體特徵。舉例來說，雙親的身高以某種方式決定小孩的身高。

> 你打算使用哪種相關來支持這個理論？（負相關還是正相關？哪兩者之間的相關？）

　　你應該會想找出小孩（成年之後）和雙親的身高之間是否有很強的正相關，而且應該會找到。

　　但是，相關當然也不是百分之百，因為一家人之內會有變異、不同的家庭間也會有變異。此外，我們會猜測女性的身高與母親相關，男性的身高與父親相關，任何小孩的身高都與雙親身高的某種平均相關，還有什麼可能？

　　這讓我們開始思考相關係數的數值**大小**究竟代表什麼意義。假設我們比較了兒子和父親的樣本，發現相關係數是+0.8，我們似乎可以說兒子的身高在**某種程度**上能以父親的身高「解釋」。但0.8又是什麼意思？它是否代表兒子的身高有80%由父親的身高決定？還是有80%的兒子的身高由父親決定？還有什麼可能？相關係數的數值大小**告訴**我們什麼？

　　由於一些我不打算在這裡說明的理由，科學家普遍認同相關係數的**平方數**告訴我們，一個變數的變異有多少比例能以另一個變數的變異解釋。因此我們可以得知，兒子身高樣本的變異有 $0.8^2 = 0.8 \times 0.8 = 0.64$ 或64%能以父親身高的變異解釋，因此還有36%的變異必須以**其他**因素來解釋。

> 同樣地，許多研究證明學生高中畢業成績和大學成績之間的相關係數不到+0.4。如果以這些高中畢業成績代表「資質」（大多數大學和學院都這麼做），那麼成功取得學位有多少比例取決於資質，又有多少比例必須以其他因素解釋？

成功取得學位的變異只有不到16%取決於資質，有84%必須以其他因素解釋（包括人格、勤奮程度、動機、運氣、老師給予的激勵等）。

再回頭看小孩和雙親身高兩者之間的關係，我們發現，父親身高在兒子身高的變異中只佔64%，顯然其他因素也發揮了作用。

你認為哪項「其他因素」可能是決定兒子身高變異性的**主要**因素？

沒錯，母親身高是主要的其他因素（飲食和運動也可能有若干影響）。

我們進行調查前當然已經想過這點，所以我們也檢視了兒子身高和母親身高的相關性，係數是+0.7。

這代表兒子身高變異中大約**有多少**比例可由母親身高的變異解釋？

大約49%的兒子身高變異可由母親身高的變異解釋。

所以兒子身高與父親身高的關係比母親身高來得密切，如

果必須選擇其一，依據父親身高來預測兒子的身高，要比用母親身高預測來得保險。

我聽到有讀者說：「等等，如果兒子身高變異有64%由父親決定、49%由母親決定，兩者總和是64 + 49 = 113%，這樣不對啊？」

好問題，解釋是這樣的：兒子身高的變異有一部分是父親和母親身高變異**共同作用**的結果，其中有重疊或交互作用效果。兒子身高變異中「可解釋部分」的總和大於100%，是因為父親和母親身高也和**彼此**相關。這點相當合理。尋找對象時，高的人通常偏好高的人，矮的人則通常會找矮的人。

另外還有一個例子，在一項美國研究中，家庭的社會階級與父親的教育程度相關，也與這個家庭居住地區的「理想等級」相關，相關係數分別是+0.78和+0.69。

> 「居住地區等級」和「教育程度」這兩個變數彼此之間是否相關？

在社會階級的變異方面，0.78 × 0.78 = 61%能以父親的教育程度解釋，0.69 × 0.69 = 48%能以居住地區解釋（而非造成）。61 + 48超過100%，所以這兩個變數一定彼此相關。這點當然合乎邏輯，因為教育程度較高的人通常比較富有，居住

的地區通常也比教育程度和財富都較少的人「理想」一點。

　　這個以**其他**變數的變異解釋某個變數變異的技巧，是變異分析的另一個面向。它引出其他幾種統計技巧（包括淨相關〔partial correlation〕、複相關〔multiple correlation〕、因素分析〔factor analysis〕、集群分析〔cluster analysis〕），在研究者遇上同時有數個原因作用的狀況時相當好用。不過，進一步探討這些技巧可能已經超出我們目前的目標。

　　你或許可以從關於「已解釋」和「未解釋」變異的討論中得知一件事，就是如何衡量相關係數的數值**大小**。舉例來說，兩個變數間的相關係數如果是−0.6，顯然比只有−0.3時強，但強度會有**兩倍**嗎？

你認為是哪種情況？
A. 是，強度正好是兩倍
B. 否，強度超過兩倍
C. 否，強度不到兩倍

　　否，相關係數為−0.6時，強度**超過**−0.3的兩倍。這表示某個變數有0.6 × 0.6 = 36%能以另一個變數的變異解釋，而不只是0.3 × 0.3 = 9%。

　　換句話說，相關係數加倍代表兩個變數之間的一致程度變

成四倍，因此也表示 r 增大時，我們進行估計和預測時的信心將大幅增加。舉例來說，在 $r = -0.6$ 時進行估計，我們的信心將是 $r = -0.3$ 時的四倍（而不是兩倍）。

實際上，試圖由一個變數估計或預測另一個變數時，在相關係數遠小於 ± 0.80 時效果不是很好，但是很小的相關係數畢竟還是比沒有來得好，因此我們將進入**迴歸**的領域。

預測與迴歸

有種常見的狀況是我們有兩組相關的值（例如一群學生在課程中得到的課程作業分數、成績或等第，以及他們期末考試的分數），現在我們想由某個變數的已知值來估計或預測另一個變數的對應值。

舉例來說，我們知道史密斯的課程作業分數，但因為某些理由，她沒辦法參加期末考。我們可以估計她的分數嗎？我們先假設她的同學得到的兩組分數之間為零相關，如果是這樣，我們只能保守一點，假設她的分數和其他同學的**平均**考試分數相同。

但是，如果課程分數和考試分數有相關性，就可協助我們提出更有根據的估計值，至於有多少根據則取決於相關的強度。我們先假設史密斯的課程作業分數是 60 分，現在，如果我們畫出其他學生的課程作業分數和考試分數散布圖，就可得

知課程作業得到60分以上的其他學生的考試分數是多少，這些考試分數的範圍可以協助我們估計史密斯的分數。

然而我前面曾經指出，這個估計值的精確度取決於相關程度。舉例來說，就我們所知，下面兩幅散布圖中，其中一幅較能描述這一班的課程分數和考試分數。

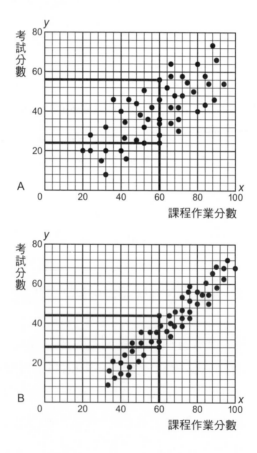

A和B這兩個例子中，哪個例子估計的史密斯考試分數可能比較**精確**？

　　可能估計得**比較精確**的例子是（B）。如果我們從課程作業分數的60分向上畫一條垂直線，可以看到得到這個分數的學生，接著再畫一條水平線，看看這些學生的考試分數。在（A）中，這些學生的分數介於24分和56分之間；在（B）中，分數介於28分和44分之間，所以，如果（A）代表史密斯這一班的相關狀況，她的考試分數估計值一定是「介於24分和56分之間」（範圍是32分），但如果她的班級是（B），估計值就是「介於28分和44分之間」（範圍縮小到16分）。

　　顯而易見地，圓點散布的垂直範圍愈小，我們的估計值愈精確。而且範圍愈小，相關性當然也就愈大。

　　唯一可能出現完美（100％）估計值或預測值的狀況，是所有圓點都位於同一直線上的時候（如同圓的半徑和圓周長的例子）。完美相關出現時，我們可以**明確**說出某個變數的已知值對應到另一個變數的值。

　　因此，有個預測方法是把資料「濃縮」成直線。我們先研究「這些點是從哪一條『潛在』直線分散出來？」，接著找出**最佳直線**（line of best fit），這條線的功能如同集中趨勢量數，試圖化解變異。

　　舉例來說，在下圖中，我在剛剛看過的散布圖B上畫出一條最佳直線。接下來，我就可以用這條線精確地估計任一課程作業分數對應的考試分數。

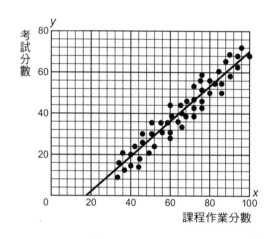

　　如果我們用這條線代表關係，史密斯的60分課程作業分數對應的考試分數是幾分？

　　對應的考試分數是36分。（請從課程作業分數60分向上畫一條垂直線，碰到最佳直線為止，再向左畫一條水平線，碰到考試分數為止，就可看出考試分數。）

　　當然，問題是「最佳直線到底在哪裡？」，我們可以「用看的」畫出這條線，我在上圖中就是這麼做。如果要採取這種

方式，試圖找出通過所有圓點的合理直線，必須盡可能讓圓點在直線兩邊的分散程度大致相同，要做到這點可不容易！

可以想見，每個人畫出來的直線都**不一樣**，依據這個結果，我們**估計**史密斯的分數當然也會各不相同。同樣地，相關愈弱，差異愈大，我們對直線位置的看法也愈不一樣。可以回頭看看要在另一個散布圖（A）中決定這條直線有多困難，同時想想我們的估計值或預測值會有多少差異。

因此你能料想到，有些技巧可以**計算**出最佳直線的位置（舉例來說，這條直線必須通過兩個變數的平均分數），這類直線稱為**迴歸線**（regression line），這個名詞的創造者是英國科學家高爾頓（Francis Galton）。

高爾頓研究兒子和父親的身高，發現父親身高高於平均時，兒子身高通常也高於平均（父親較矮時兒子也較矮），但兒子的身高通常比父親接近所有男性平均身高。他稱這種現象為均值迴歸（regression to mediocrity），也就是逐漸趨向平均。他和創造相關係數的朋友皮爾森（Karl Pearson）開發出許多技巧，用來探討這類關係，這些技巧後來稱為迴歸技巧（regression techniques）。

迴歸線和圖形上其他直線一樣，可以用方程式來描述，這個方程式稱為**迴歸方程式**（regression equation）。舉例來說，假設 x 為課程作業分數，y 為考試分數，則上面圖中直線的迴歸方程式為 $y = \frac{7}{8} x - 17$。因此我們不需要再參考散布圖，就

可由方程式直接估計 y（考試分數）的值。

請試試看自己運用這個方程式：假設有個學生的課程作業分數（x）是80分，你估計考試分數（y）是幾分？

考試分數（y）和課程作業分數（x）之間的關係是迴歸方程式 $y = \dfrac{7}{8} x - 17$，所以課程作業分數（x）是80分時，考試分數是：$y = \dfrac{7}{8}(80) - 17 = 70 - 17 = 53$分。從散布圖可以看出，這個結果和我們直接由迴歸線得出的值相符。

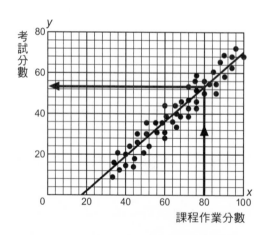

當然，你或許會質疑以迴歸線提出看似精確的估計值的方法，尤其在圓點其實距離迴歸線相當遠的時候。事實上，這類

估計值都應該標註可能誤差範圍才算完整。（你還記得**信賴**區間的概念吧？）

另一種預測方法是用表格呈現散布狀況。在目前看過的散布圖中，我們假設樣本中沒有兩個以上成員的兩個值都相同，也就是沒有兩個以上學生的課程作業分數都是50分，且考試分數是40分，因此每個點都代表不同的樣本成員。

但是實際上，尤其是樣本很大的時候，很可能碰巧有兩個以上成員具有相同的成對值。要以圖形來呈現這種狀況，必須使用三維圖表，想像一下把圓點變成圓柱，高度隨每個成對值出現的次數而改變。

另一個解決方案是類似下面這樣的表格：

118名學生的術科和學科分數

學科分數	0	1	2	3	4	5	6	7	8	9	10
10											
9										1	1	1
8						2	4	3	2	1	
7				1	3	4	3	4	1		
6			1	3	6	5	4	2			
5			1	6	6	4	1	1			
4	1	2	4	6	4	2	1				
3	1	2	4	2	2	2					
2	1	3	2	3	2	1					
1		1	1								
0											

術科分數

舉例來說，這個表格指出，在術科得到7分的10名學生中，有3名學生的學科考試是8分、4名是7分，2名是6分，

1名是5分。因此依照這組樣本，我們或許可以預測，術科得到7分的學生應該有 $\frac{4}{10}$ = 40%的機會在學科測驗得到7分。此外我們或許也可以指出，雖然術科得到7分的學生的學科平均分數是6.9分，但這些學生還是有30%的機會在學科拿到8分。

同樣地，我們或許會注意到，術科得到5分的學生，學科平均分數是5.5分。

然而，假設考慮較大的分數母體，這個分數母體取自狀況相仿的學生，但有些人參加了術科測驗，有些人沒有。如果我們從這個表格中的樣本來類推，則術科得到5分的學生在學科測驗中得到以下兩種分數的機率是多少？

i. **少於**5分
ii. **多於**5分

術科得到5分的20名學生中，有5名的學科少於5分，11名多於5分。所以術科得到5分的學生在學科測驗得到的分數 (i) **少於**5分的機率是 $\frac{5}{20}$ = 25%，(ii) **多於**5分的機率是 $\frac{11}{20}$ = 55%。

請注意表格（對可能使用者）說明我們用來執行預測的證據，雖然可以提供精確的估計值（例如平均分數），但分數較高或較低的機率都可以看得到。

如果我們要為很大的樣本畫出這樣的表格，分數範圍涵括所有可能的課程作業與考試分數配對（0–100），我們可能會把資料**分組**。因此，如同我們在下面的範例中看到的，一個格子可能顯示有6名學生的課程作業分數**介於**60到69之間，考試分數**介於**50到59分之間。

這當然代表精確的資訊已經消失，我們不再完整呈現每名學生得到的課程作業分數和考試分數，但這些資料比較容易處理，而因為我們提出的估計值而消失的精確性，只是相當不確定的精確性。

123名學生的課程作業和期末考分數

期末考分數 \ 課程作業分數	0–9	10–19	20–29	30–39	40–49	50–59	60–69	70–79	80–89	90–100
90–100									1	1
80–89								1	3	1
70–79						2	2	4	3	2
60–69				1	1	2	4	5	4	1
50–59				1	2	3	6	3	3	1
40–49				2	4	4	3	2	2	1
30–39			1	3	5	3	4	1	1	
20–29		1	2	2	4	3	1			
10–19		1	3	4	2	1				
0–9	1	1	2	1						

史密斯的課程作業分數是60分，顯然應該和60–69這一欄的其他學生比較。看來（這一欄只有4＋2個學生的期末考

試分數是60分或以上）她的考試分數只有 $\frac{6}{20}$ = 30%的機會趕上她的課程作業分數。的確，她的考試分數也有 $\frac{4}{20}$ = 20%的機會低到只有30-39分，甚至還有 $\frac{1}{20}$ = 5%的機會介於20到29分之間。

她最可能的考試分數是幾分？機率是多少？

史密斯最可能的考試分數是50-59分。在課程作業分數和她相當的20名學生中，位於50-59分這個範圍的學生最多（有6人），所以機率是 $\frac{6}{20}$ = 30%（史密斯也因為我們分組的方式而受益。如果她的分數不是60分，而是59分，就會落在課程作業分數50-59分這一組，最可能的考試分數將只有40-49分）。

不過別忘了，我們的樣本相當有限，因為史密斯的課程作業分數這一組只有20名學生。但我們仍然想類推到所有同類學生，尤其是史密斯。說不定她可能擁有特殊天分，可讓她在考試中得到100分，儘管似乎不大可能，但還是有可能。

現在似乎是結束這本書的好時機。我們從頭開始，分辨樣本和母體，並且探討是否可以從某個例子類推到其他。而在任何狀況下，由母體預測其中某個個體（例如史密斯）會有什麼風險？

　　我相信讀者們都採集過統計量，統計量比較適合用來推論「整體」和「長期」的事物，而不適合特定狀況下的特定事物。不過這是最重要的課題之一，我們人類非常依賴類推，預測我們在某個例子看到的特質、差異、趨勢和關聯，在類似的例子中也會出現。假如沒有這種對一致性的預期，人類不可能存活。

　　但這種預期必須以機率加以限制，它們必須是試探性的，而不是絕對的，我們必須預期它們在許多時候完全不對。除非我們能預料到事情和我們預料的不同，至少在某個程度上做到這點，否則我們不可能從經驗中學習，這也是導致蕭條和滅絕的途徑。

結語

在這本書中，我很清楚我們討論大多數議題時只談到皮毛，這是因為我的目標是陪著讀者從高處綜觀統計學的整體概念，而不是帶著你一頭鑽進統計學計算的密林中。

如果你覺得讀過這本書之後，心裡浮現的疑問比獲得的解答還要多，我不會覺得驚訝或感到抱歉。全球資訊網（就像全球圖書館一樣）裡面有很多資料，可以協助你找出這些問題的答案。雖然大家都很清楚，統計學這個學科有許多分支和交互連結，遠超出這本書討論的範圍，但你應該有信心已經對統計學的主要考量和方法「有一點感覺」。

如果你從一開始看到這裡，現在應該已經掌握了統計學的基本概念和用語。除非需要參加統計學考試，否則需要進一步學習的東西其實不多。

你已經學到的東西應該可以協助各位：

- 閱讀研究論文（或媒體上的文章），而且有把握了解其中可能包含的統計學概念。
- 以評判眼光評論文章，而且有信心能注意到作者的假設、方法或結論中有問題的地方。
- 向統計學家說明自己的研究興趣，以便對方提供專業建議。
- 如果需要進一步自學統計學，參閱相關的教科書、網路資料或課程時會更有信心。

最後，我會簡短地複習一下前面提過的「綜觀」，再提出最後的注意事項。

複習

統計學是在面對不確定性時提出結論的方法，它能讓我們認知及評估量化自身經驗時可能產生的誤差，尤其是以一小群例子（樣本）代表規模較大的群體（母體），並將關於樣本的已知事實類推到母體的時候。

統計分析從描述樣本開始，我們或許覺得圖表是描述樣本和比較樣本的好方法，但我們尤其有興趣的是得知樣本的集中趨勢量數，可以的話再進一步取得離散量數。（數量變數的）兩個最重要的量數是算術平均數和標準差，這些重要的值定義

了常態分布：對稱的鐘形曲線。

　　知道平均數和標準差之後，就能比較來自兩組不同分布的值（使用 z 單位）和估計分布中有多少比例的觀察值位於不同變數值以上和以下。此外，我們還能依據（取自樣本的）統計量推論參數值，運用標準差的概念決定信賴區間——信賴區間是我們相信真實母體值（例如平均數或比例）所在的區間，我們通常會提出我們有95%的信心相信真實值所在的範圍，或是把範圍稍微擴大一點，但可以有99%的把握。

　　依據相同的原理，我們也可比較兩組（或以上的）樣本，探討它們的相似程度是否足以證明它們來自同一個母體，或是兩者之間的差異夠大，代表它們的母體之間有實際差異：如果以相同方式再取得兩組樣本，會出現相同的差異嗎？

　　我們從虛無假設開始，假設樣本來自同一母體，因此差異完全出於偶然。我們可以藉由檢定判定這個假設的可信程度，如果從同一母體取得兩組如此不同的樣本的機率不到5%，我們就可否決這個假設。如果想更謹慎一點，我們可以等到差異更大一點，讓兩組樣本出自同一母體的機率不到1%，才否決這個虛無假設（也就是不接受差異確實存在），這樣的差異稱為顯著（但實際上或許並不重要）。

　　此外還有其他檢定可以確認兩組以上的樣本是否有顯著差異，方法是進行變異數分析：比較各組間的變異和各組內的變異。處理類別變數而非數量變數時，以及探討兩組樣本間是否

在比例上有顯著差異，而不是平均數的顯著差異時，我們會採用稱為「卡方檢定」的非參數技巧。這個方法比較我們預測某些觀察值在純粹偶然下出現的次數以及實際出現的次數（這類非參數技巧在處理類別變數時相當重要，在不確定母體是否為常態分布時也很有用）。

最後，我們通常想要知道來自兩個不同變數的有關成對值（例如人的身高和體重）之間的關係。相關是這類關係的量數，相關係數代表關係的強度，範圍從−1或+1（兩者都是最強）到0。散布圖是很好用的相關呈現方式，但在樣本中有多個成員具有相同的成對值時，可能需要以表格代替。

藉助迴歸技巧，我們可以運用從樣本觀察到的關係預測母體某個變數的已知值對應到另一個變數的值，這類預測的可能準確性隨相關強度而提高。但即使相關非常強、預測也很正確，我們仍然無法以這個事實證明某個變數決定另一個變數，哪怕是解釋兩者的因果關係也不可能：有可能是X變數決定Y變數，或者反之，也可能兩者都由另一個Z變數決定，或是這個數學關係只是巧合。然而統計學中常見的狀況是，資料可能支持（或否定）某個推論，但不一定能絕對確定。

注意事項

最後是一些注意事項。許多人一再指出：「世界上有很

多糟糕的謊言，再來就是統計學！」，或是「數字不會騙人，但騙子都懂得利用數字」，又或者是比較溫和的「任何說法都可以用統計學證明」（不過請參閱上一段的最後一句）。赫夫（Darrell Huff）的《別讓統計數字騙了你》（*How to Lie with Statistics*）是這方面的經典著作，書中提出的警告非常嚴肅但又十分有趣。

　　一般來說，我們可以說引用統計數字的人多半是想說服別人，他們可能試圖用含糊的數字支持一個不夠有力的說法，希望撼動潛在批評者或讓他們退卻。舉例來說，有一位英國政治人物曾經宣稱「認為近五年來教育標準降低的老師多出50%」。

　　這個說法很令人憂心但相當含糊：多出50%……比什麼多？事實上，這句話的根據是，某項調查指出有36%的老師認為小學生成就標準降低、24%認為提高、32%認為維持不變、8%不清楚。顯而易見地，這位政治人物忽略了「維持不變」和「不清楚」這兩組（在樣本中佔了整整40%），以便做出他所謂「多出50%」的數字。假如他想傳播對英國教育標準感到樂觀的看法，或許同樣可以指出不少於64%的老師**不認為**標準降低。另一方面，他也可以營造更悲觀的看法，說有76%的老師不認為標準提高！

　　這類模稜兩可的陳述現在已經被各方濫用，諸如政治人物、記者、社群媒體用戶、廣告商等等，他們都知道，如果我

們沒有保持清醒，不斷詢問：「這是什麼意思？」、「他們怎麼知道？」、「原始資料從哪裡來的？」、「雖然他們已經有了結論，但有沒有其他可能性相當或更高的解讀？」，以及「其他有關單位怎麼說？」，他們就能左右我們的觀點。

所以，正如英國前陣子的例子，記者寫道：「英國收入最高的1%繳納的稅金佔全英國的27%」，我們不應該只說「這樣太多了！」或是「一點都不夠！」（依政治傾向而定），還在社群媒體上到處分享，我希望大家說：「他們到底繳納了多少稅？」

在谷歌和政府統計數字網站的協助下，我們發現，收入最高的1%繳納的27%稅金只是**收入**稅，而收入稅只佔總稅收的$\frac{1}{4}$多一點。我們沒有查到收入最高的1%對總稅收有多少貢獻，但以**戶數**而言，繳稅最多的10%似乎佔了27%，所以記者可能因此而發表了錯誤消息。

但就算是科學研究者也可能誤導我們。大多數研究者當然無可非議，尤其因為他們知道論文會有眼光銳利的同儕（和競爭對手）仔細審查，但有些人確實會曲解或違反規則。有一位世界知名的英國心理學家（幾年前去世了），至今仍有批評者指控他假造實驗和統計資料，而且似乎後來也有人沿用類似的方法。

學術研究者有時也會因為亟需爭取研究經費或發表研究成果而把持不住，在過程中忽視取樣不足或偏差，選擇不適合的

檢驗或不夠嚴格的顯著性水準，發表沒有足夠支持的結論，甚至（有人提到某些案例中）竄改或直接假造資料，並以這些資料提出結論。期刊文章研究（尤其是醫學領域）揭露了許多這類失誤，有些人因為這些失誤而死亡、遭到起訴、解僱和聲名掃地。

　　當然，我們不可能揪出違規者，我們沒有足夠的專業知識，我也不想鼓勵大家過度懷疑。我們的問題主要在於理解和解讀別人的統計數字，而不是試圖挑出別人的錯誤。在此同時，我們的解讀應該會因為在這本書中學到的東西而擁有重要優勢：尤其是樣本可能存在誤差、顯著性和重要性的差異，相關不等於因果，以及人有時候就是會弄錯等等。

　　不用說，如果你要為別人製作或解釋統計數字、要別人支持自己的論點，我都假設你會盡可能用心和誠實，就像要求別人一樣。

　　簡而言之，身為統計數字的消費者時，我們必須時時保持警覺；身為統計數字的生產者時，我們必須時時保持誠信。

　　我希望這本書能讓你在未來碰到統計學時不會感到太痛苦。如果真能如此，我也希望你能推薦這本書給有需要的讀者，告訴他們自己當初是怎麼學的。我多年來投注在撰寫和修訂這本書的心血獲得了巨大迴響，許多學生（和老師）在亞馬遜網站、Goodreads和其他地方寫下書評。如果你有任何想法，何不也寫出來讓我知道？

企畫叢書　FP2287

不流淚的統計學
寫給所有人的零基礎統計學入門
Statistics without Tears: An Introduction for Non-Mathematicians

作　　　者	德瑞克・朗奇（Derek Rowntree）
譯　　　者	甘錫安
責 任 編 輯	黃家鴻
封 面 設 計	兒日設計
排　　　版	陳瑜安
行　　　銷	陳彩玉、林詩玟
業　　　務	李再星、李振東、林佩瑜

發 行 人	謝至平
編 輯 總 監	劉麗真
副 總 編 輯	陳雨柔
出　　版	臉譜出版
	城邦文化事業股份有限公司
	台北市民生東路二段 141 號 5 樓
	電話：886-2-25007696　傳真：886-2-25001952
發　　行	英屬蓋曼群島商家庭傳媒股份有限公司城邦分公司
	台北市中山區民生東路 141 號 11 樓
	客服專線：02-25007718；25007719
	24 小時傳真專線：02-25001990；25001991
	服務時間：週一至週五上午 09:30-12:00；下午 13:30-17:00
	劃撥帳號：19863813 戶名：書虫股份有限公司
	讀者服務信箱：service@readingclub.com.tw
	城邦網址：http://www.cite.com.tw
香港發行所	城邦（香港）出版集團有限公司
	香港九龍土瓜灣土瓜灣道 86 號順聯工業大廈 6 樓 A 室
	電話：852-25086231　傳真：852-25789337
	電子信箱：hkcite@biznetvigator.com
新馬發行所	城邦（新、馬）出版集團
	Cite（M）Sdn. Bhd.（458372U）
	41, Jalan Radin Anum, Bandar Baru Seri Petaling,
	57000 Kuala Lumpur, Malaysia.
	電話：+6（03）90563833　傳真：+6（03）90576622
	電子信箱：services@cite.my

一版一刷　2024 年 3 月

ISBN　978-626-315-450-6（紙本書）
　　　978-626-315-451-3（EPUB）

城邦讀書花園
www.cite.com.tw

售價：NT 380 元

國家圖書館出版品預行編目（CIP）資料

不流淚的統計學：寫給所有人的零基礎統計學入門
／德瑞克‧朗奇（Derek Rowntree）著；甘錫安譯.
-- 一版. -- 臺北市：臉譜出版，城邦文化事業股份
有限公司出版：英屬蓋曼群島商家庭傳媒股份有限
公司城邦分公司發行, 2024.03
　　面；公分.（企畫叢書；FP2287）
　　譯自：Statistics without tears : an introduction for
　　　　　non-mathematicians
　　ISBN 978-626-315-450-6（平裝）

1. CST: 統計學

510　　　　　　　　　　　　　　　　112021682